World Vision

사례관리 이해와 적용

– 아름다운 시작, 함께하는 사례관리 –

이기연 · 유서구 공저

KNOWLEDGE COMMUNITY 공동체

발간사

한국월드비전은 60여 년이 넘게 가난하고 어려운 아동 및 가정이 건강하고 행복한 삶을 살아갈 수 있도록 지원하고자 변화를 가져오는 개발 사업을 실시하여 왔습니다. 특히 한국은 사회경제적 수준이 높아지고, 국민 삶의 질이 향상되면서 많은 양의 자원이 도움이 필요한 곳에 지원이 되었지만, 그 자원의 양에 비해 성과나 변화들의 체감 정도는 낮게 나타났습니다. 이는 사회복지기관뿐만 아니라 정부의 공적 부조 지원에도 그 심각성이 느껴져 전문화된 사례관리 필요성의 공감대를 형성하게 되었습니다.

아동 및 가정이 변화되는 삶을 위해 2010년부터 본격적으로 사례관리를 시작한 한국월드비전은 지난 2년간 매뉴얼의 사업장 적용을 통해 보완되어야 할 부분을 반영하여 사례관리 이해와 적용을 발간하게 되었습니다. 지역사회와 함께 일하고 파트너십 관계를 무엇보다 중요시 하는 월드비전은 사례관리 실천의 전반적인 내용이 포함된 이 실천서를 지역사회 관련기관과 공유하고 함께 발전해 나가고자 합니다. 이러한 우리의 도전과 시도는 실무자들의 업무 수행 능력 향상 뿐만 아니라 도움이 필요한 아동 및 가정에 진정으로 변화된 삶을 가져오리라 기대합니다.

마지막으로 월드비전 사례관리 이해와 적용이 발간되기까지 깊은 관심과 헌신으로 수고해 주신 연구 지원단의 이기연 교수님, 유서구 교수님과 사업현장의 많은 과업에도 불구하고 실천서 개발을 위해 협력해주신 김민숙 위원장, 전광석 부위원장을 비롯한 TF 팀원들, 글로벌 사회복지연구소에게 깊은 감사를 드립니다.

한국월드비전 회장 양호승

<사례관리 이해와 적용 소개>

1. 사례관리 이해와 적용의 목적

지난 수년간에 걸쳐 월드비전은 기관의 핵심가치와 비전을 통전적으로 구현하기 위한 구체적인 방법으로 서비스 이용 아동과 가족에 대한 통합적 사례관리를 새롭게 모색해왔으며, 이러한 과정에서 본부, 실무자를 중심으로 한 Task Force Team과 Working Group, 사례관리지원단 등 전사적인 노력으로 새로운 사례관리 사업의 토대를 마련할 수 있었고, 더 책임성 있는 사업수행을 통해 서비스이용자인 아동과 가족이 진정으로 변화된 삶을 주체적으로 살아 갈 수 있도록 돕고 있다.

본 사례관리 이해와 적용은 월드비전에서 사례관리를 실천하는 실무자를 포함하여 다양한 현장에서 사례관리 실천과 관련된 사회복지사들을 위해 사례관리에 대한 이해를 제고하고, 사례관리 실천에 요구되는 운영체계, 실천과정, 평가와 성과관리의 과업들을 잘 수행할 수 있도록 돕기 위한 목적으로 고안되었는데, 실천서가 가진 목적을 좀 더 구체적으로 제시하면 다음과 같다.

첫째, 사례관리의 배경이 되는 이론적 기반과 실천원칙의 제시를 통해 사례관리 실천에 대한 기본적인 이해를 높인다.

둘째, 사례관리 운영체계와 실천과정에 대한 소개와 공유를 통해 사례관리의 실무능력을 제고시킨다.

셋째, 사례관리의 평가와 성과관리 방법에 대한 실제적 이해를 높이고, 이를 통해 서비스 책임성을 높이는 데 기여한다.

넷째, 사례관리에 활용되는 다양한 실천 양식과 평가도구에 대한 공유를 통해 월드비전을 비롯하여 다양한 영역의 사례관리 실무자들이 반영적 실천을 제고하고 서비스의 질을 개선하는 데 기여하고자 한다.

2. 사례관리 이해와 적용의 구성

본 사례관리 이해와 적용은 크게 사례관리 실천의 이론적 기반(1장), 사례관리의 운영체계(2장), 사례관리의 실천과정(3장), 사례관리의 평가와 성과관리(4장) 등 총 4개의 장(chapter)으로 구성되어 있다.

1장은 사례관리에 대한 일반적 이해를 제고하는 내용을 중심으로 사례관리의 실천원칙, 배경이론, 주요 모델들이 소개되며, 2장은 사례관리의 운영체계가 클라이언트, 기관 내 · 외부, 지원체계, 교육훈련과 정보관리 등으로 나누어 제시된다. 사례관리 실천의 전 과정을 실제적으로 안내하는 3장은 과정별 주요 실행활동에 대한 지침과 함께 과정별 양식이 구체적으로 제시되었고, 마지막 4장은 사례관리 실천의 평가와 성과관리의 방법들을 크게 과정평가와 성과평가로 나누어 제시하고 사례관리 사업의 목표와 평가과업을 연결시켜 정리하고 있다.

3. 사례관리 이해와 적용의 대상과 활용

본 사례관리 이해와 적용은 아동과 그 가정을 중심으로 사례관리를 실천하는 월드비전 사업장(복지관, 가정개발센터)을 배경으로 하고 있지만, 그 활용의 대상은 월드비전 사례관리 실무자에게 국한되는 것이 아니라 통합적인 서비스로서 사례관리를 실천하고 있는 다양한 현장 실무자나 사례관리에 대해 실제적인 이해가 더 필요한 실천가와 중간관리자, 사례관리에 관심을 가진 예비사회복지사나 학생들을 대상으로 보다 폭넓게 활용될 수 있다.

실천서에 포함된 내용과 공유된 자료들은 사례관리의 실천에 필요한 일반적인 내용에서부터 실천현장의 고유성이 고려되어 차별적으로 적용되어야 하는 지침들까지 다양한 내용을 포괄하고 있다. 단일 내용으로 표준화되어 범용으로 모든 실천 환경에 적용되는 실천서는 존재하기 어렵다. 하지만 사례관리에 대한 일반적인 이해의 제고, 사례관리의 운영, 사례관리의 평가 등에서 본 실천서는 유사한 목표를 가진 사업의 과업들을 잘 수행할 수 있도록 도와주는 나침반의 역할을 할 수 있을 것이며, 실무적 활용에 더하여 대학원이나 예비사회복지사인 학부생의 사례관리 교육을 위한 교재로도 활용이 가능하다.

목차

CONTENTS

Chapter 04 사례관리 평가 및 성과관리

Chapter 01

월드비전 사례관리 실천의 이론적 기반

CONTENT

Chapter 01

월드비전 사례관리 실천의 이론적 기반

1. 사례관리에 대한 일반 이해

1) 사례관리의 개념과 정의

사회복지현장에서 효과적인 실천의 대안으로 사례관리가 지속적으로 강조되고 있다. 하지만 사례관리 활동이 포괄하는 수준과 영역이 광범위하고 실천맥락에 따른 활동의 편차가 상당하여 이를 일관되게 정의하는 것은 쉽지 않은 일이다. 사례관리가 초기에는 중증장애인, 정신장애인, 치매노인 등이 갖고 있는 복합적이고 장기적인 문제를 효과적이고 효율적으로 관리하기 위해 도입되었으나, 최근에는 구체적인 문제해결과 단기개입까지를 포괄하고 여러 다양한 활동을 가리키는 매우 폭넓은 의미로 사용되고 있다(인천광역시사회복지관협회 · 사례관리연구회, 2009).

목슬레이(Moxley, 1989)는 "사례관리는 복합적인 욕구를 가진 사람들의 기능을 향상시키고 복지를 위해 공식적, 비공식적 자원과 활동의 관계망을 조직, 조정, 유지하는 것"이라고 정의하였고, 베이커와 인테그리아타(Baker & Intagliata, 1992)는 "사례관리는 통합적이고 효과적이며 효율적인 방식으로, 필요한 서비스를 제공받도록 보장하는 과정"으로 정의하고 있다.

미국사회복지사협회(NASW, 1992)의 경우, 사례관리는 "서비스 전달체계의 요소들을 연결하고 조정하는 것을 통하여 개인의 보호를 위한 욕구를 충족시킬 수 있는 포괄적인 프로그램을 확실히 제공할 수 있도록 하기 위한 하나의 기제(mechanism)다"라고 정의하고 있으며, 벨로우와 밍크(Ballow & Mink, 1996)는 "사례관리는 한번에 여러 원조자들로부터 원조(assistance)가 요구되는 많은 문제로 인해 그들의 삶이 만족스럽지 않거나 생산적이지 못한 사람들을 돕는 과정이다"라고 하였고, 커머(Kumar, 2000)는 "사례관리는 사정, 계획, 조정, 전달과 모니터링을 통하고 적절하고 책임성 있는 서비스로의 접근성을 용이하게 함으로써 클라이언트 중심의 서비스통합을 달성하기 위한 과정이며 전문적 서비스다"라고 하였다(권진숙 · 박지영, 2008).

이상의 개념적 정의를 종합해 보면, 사례관리란 만성적이고, 복합적인 문제를 가진 개인 및 가족과 함께 일하면서 그들과 자원 제공자들의 기능을 향상시켜 환경 속에서 자신들에게 필요한 서비스와 자원을 스스로 획득하고, 사회적 기능을 원활히 수행할 수 있도록 돕는 통합적인 접근방법으로 요약될 수 있다. 이를 위해 사례관리자는 크게 두 가지 측면, 즉 임상 및 직접실천의 측면과 서비스 조정 및 옹호의 간접적 실천 측면에 관심을 갖는다. 따라서 사례관리자는 클라이언트나 가족을 대신하여 필요한 임상 서비스를 제공함은 물론 그들의 사회적 기능수행을 향상시키기 위해 필요한 자원을 획득하기 위하여 그들과 함께 일하게 된다(권진숙 · 박지영, 2008).

사례관리는 사회복지실천의 통합적 접근방법과 유사한 성격을 지니고 있는데, 기존의 기관중심 패러다임에서 탈피하여 클라이언트의 욕구를 중심으로 지역사회까지 그 범위를 넓혀 폭넓은 서비스를 제공하며, 점검과 재사정을 통해 서비스의 제공과 조정으로 인해 클라이언트가 얼마나 만족한 상태인지, 그리고 어떤 변화가 필요한지 살펴 클라이언트의 변화하는 욕구를 파악하여 이를 충족시키려고 노력하는 통합적 실천방법이다(인천광역시사회복지관협회 · 사례관리연구회, 2009).

2) 사례관리의 구성요소

사례관리를 구성하는 요소로서 일반적으로 사례관리를 필요로 하는 클라이언트, 클라이언트의 욕구를 충족시키는 사회자원, 사례관리를 실시하는 사례관리자를 들 수 있다(김만두, 1993). 최근에는 여기에 사례관리가 진행되는 구체적인 과정(process)과 사례관리 활동이 조정되는 운영체계(operation system)가 포함되어 논의된다(권진숙 · 박지영, 2008). 그 구성요소를 간략히 살펴보면 다음과 같다.

첫째, 클라이언트는 대부분 복합적인 욕구를 가지고 있어 하나 이상의 사회자원을 필요로 하지만 자원의 소재와 이용방법에 대해 잘 모르는 사람을 말한다. 현재 사회복지관을 중심으로 지역의 저소득층 가족, 아동, 청소년, 노인 등 신체적 · 정신적 · 경제적 · 사회적 문제 등 복합적 문제를 가진 다양한 클라이언트가 대상이 된다.

둘째, 사회자원은 인적 · 물적 서비스를 제공하고 지원하는 다양한 자원의 공급주체를 말한다. 가족, 친척, 동료, 이웃, 자원봉사자 등의 비공식적인 부분과 행정가, 행정기관, 공공복지시설, 법인 등의 공식적 자원이 클라이언트의 문제를 해결하기 위해 조정되고 통합되어 필요한 서비스로 제공된다.

셋째, 사례관리자는 앞에서 언급한 두 가지의 구성요소를 효과적이고 체계적인 방법으로 연계하는 역할을 수행한다. 여러 가지 서비스 공급주체에 의한 사회자원을 클라이언트가 활용하여 욕구를 충족해 갈 수 있도록 촉진하고, 조정하고, 연결시켜 나감으로써 클라이언트 자신의 능력을 향상시키고 서비스 공급주체들의 능력 또한 발전시키는 것이 사례관리자의 역할이다.

넷째, 사례관리의 구성요소 중, 최근에 더 부각되어 논의되는 요소로서 사례관리 과정을 들 수 있다. 사례관리 과정은 일반적 실천과정을 준용하여 보통 접수, 사정, 개입계획, 서비스의 제공, 조정과 점검, 재사정, 평가와 종결, 사후관리 등으로 이루어진다. 또한 사례관리 실천의 과정은 전통적 개별실천과 대비되는 요소로는 과정 자체가 단선적이지 않고 더 순환적이며 과정 간의 환류

(feedback) 기능이 더 역동적으로 일어난다.

다섯째, 사례관리는 클라이언트에게 필요한 통합적 서비스를 전달하는 활동이기 때문에 이런 활동이 잘 운영되기 위해서는 조직화된 운영체계를 필요로 한다. 사례관리 운영체계의 구축과 유지는 기관 내부와 기관을 둘러싼 지역사회와 외부환경의 조건들에 의해 크게 영향을 받는다. 전술한 사례관리의 각 요소들이 유기적으로 연결되어 일하는 구조가 운영체계이며 이를 잘 구축하고 유지하는 것은 사례관리의 효과를 좌우하는 중요한 요인이다(인천광역시사회복지관협회 · 사례관리연구회, 2009).

3) 사례관리에서의 가치와 실천원리

일반적 사회복지실천에서 가치와 실천원리가 전문적 활동의 지침이 되듯이, 사례관리에서도 마찬가지로 중시되어야 할 가치와 실천원리들이 있다. 사례관리자들이 클라이언트와 일할 때 존중하고 중요하게 여겨야 할 가치들이 다양한데 특히, 인간의 존엄성과 개별화에 대한 존중, 자기결정권에 대한 존중, 이용자의 비밀보장, 서비스의 사회적 책임성의 지향 등은 아무리 강조해도 지나침이 없을 정도이다.

일반적 사회복지실천과 중복되는 다양한 가치와 실천원리들이 제시될 수 있지만, 여기에서는 사례관리와 관련하여 구체적 실천지침을 제시한 두 가지(미국사회복지사협회의 사례관리 표준지침과 Moxley의 사례관리 실천원칙) 사례를 소개하고자 한다.

(1) 미국사회복지사협회(NASW)의 사례관리 표준지침

미국사회복지사협회에서는 사례관리자들이 윤리적인 실천을 할 수 있도록 사례관리 표준지침(NASW Standards for Social Work Case Management)을 제공하고 있는데, 이 지침에서는 사례관리자들에게 이미 사회복지사들이 준수하고 있는 미국사회복지사협회의 윤리강령을 충실히 준수할 것을 강조하고 있다(권진숙 · 박지영, 2008).

미국사회복지사협회의 사례관리 표준지침은 사례관리자(social work case manager), 클라이언트(client), 체계(system)의 세 가지 영역으로 구분하여 총 10개의 실천지침을 제시하고 있다. 첫 번째 지침은 사례관리자 이슈로써 사례관리자의 자격기준을 제시하고 있으며 지침 2~5항은 클라이언트 욕구의 우선순위, 자기결정권, 비밀보장, 그리고 클라이언트의 개입 등 클라이언트의 이슈를, 지침항목 6~8번은 체계영역으로 사례관리 운영의 전반적인 이슈로 체계개입(system intervention), 비용 및 서비스 책임성, 서비스 질의 보장과 프로그램 평가 등을 포함하고 있다. 마지막 두 지침은 다시 사례관리자 이슈로써 적정사례수의 할당과 협력적 전문관계에 관한 내용이다. 각 지침항목별 내용은 다음과 같다.

〈표 1-1〉 미국사회복지사협회의 사례관리 표준지침

1. 사회사업사례관리자는 사회사업교육위원회가 인증한 학사학위 또는 이에 해당하는 사회사업 프로그램을 졸업한 자로서 사례관리 실천수행에 필요한 지식, 기술, 그리고 경험을 갖고 있어야 한다.
2. 사회사업사례관리자는 자신의 전문적인 기술과 능력으로 클라이언트를 돕도록 한다. 이때 사례관리자는 무엇보다 클라이언트의 이익을 우선적으로 고려해야 한다.
3. 사회사업사례관리자는 사례관리실천의 모든 과정에 클라이언트가 참여하도록 한다.
4. 사회사업사례관리자는 클라이언트의 사적 권리를 보장하고 또한 다른 사람으로부터 클라이언트 정보를 요청받았을 때 적절한 비밀보장을 지켜야 한다.
5. 사회사업사례관리자는 클라이언트가 그 가족에게 직접서비스를 제공하거나 조정할 수 있는 클라이언트 수준에서 개입해야 한다.
6. 사회사업사례관리자는 현재 제공할 수 있는 사례관리서비스 수준에서, 그리고 필요한 서비스 접근성을 높이는 서비스 체계수준에서 개입해야 한다.
7. 사회사업사례관리자는 자원 활용 가능성이나 서비스 비용, 그리고 재정한도를 잘 알고 있어야 하며, 모든 사례관리 기능과 활동을 실천에 우선 책임성을 갖는다.
8. 사회사업사례관리자는 서비스 전달체계의 적절성과 효과성을 모니터링 하는 평가 및 질 관리 활동들에 참여해야 한다.

이때 사례관리자의 평가 및 질 관리 활동적용범위는 사례관리자 자신의 사례관리서비스뿐 아니라 사례관리 운영 전반의 전달체계를 포함한다. 그렇지 않을 경우 전체적으로 전문적인 책임성 보장을 위한 활동에 참여해야 한다.

9. 사회사업사례관리자는 사례관리자가 주어진 사례관리 과업들을 효과적으로 계획하고 수행하며, 평가할 수 있도록 합리적인 사례 수를 담당하도록 한다.
10. 사회사업사례관리자는 동료 및 다른 기관들과 같은 전문가로서 상호간 협력을 강화하도록 정중하게 대하며 존중하도록 노력한다.

출처 : 권진숙 · 박지영(2008), pp. 64-65.

(2) 목슬레이(Moxley, 1985)의 사례관리 실천 원칙

〈표 1-2〉 목슬레이(Moxley, 1985)의 사례관리 실천을 위한 6원칙

1. 사례관리자는 클라이언트 수준에서 일한다.
2. 사례관리자는 체계적 관점을 유지하고 클라이언트가 자신의 개인자원을 이용할 기회를 보장해 준다.
3. 사례관리자는 행정적 과정과 기술을 이용하여 행정가이면서 관리자의 역할 및 과업을 수행한다.
   - 전문가 팀을 구축하여 사례에 대한 판정을 하고, 서비스 전달을 계획하는 역할과 과업
   - 목표설정과 점검에 있어서 클라이언트와 다른 전문가와 함께 일하는 역할과 과업
   - 클라이언트의 사회망과 대인 서비스 전문가의 각 부분에 대한 과업과 책임의 완성을 점검하는 역할과 과업
   - 개입의 효과성과 서비스 전달과 관련해서 각 개인에게 환류를 제공하는 역할과 과업
4. 사례관리자는 임상적 과정과 기술을 이용한다.
   - 사례관리자와 클라이언트의 관계는 보호되고 개별화되어야 한다.
   - 개별 사정과 사정의 질을 평가하기 위해 인간 상호관계에 필요한 기술을 이용한다.
   - 클라이언트의 기술을 발전시키기 위해 사정과 계획과정을 같이 한다.
5. 사례관리자는 책임성의 근거를 지니고 일한다.
   - 노력 지향의 책임성
   - 효과성 지향의 책임성
6. 사례관리자는 서비스 전달의 통합을 달성하기 위해 노력한다. 클라이언트의 다양한 욕구가 하나의 통합된 방법으로 성취될 만큼 조직적이었는지, 서비스와 지지가 중복되지 않았는지 등을 살핀다. 아울러, 공적 서비스가 클라이언트 자신의 보호능력을 감소시키지 않도록 보장하면서 동시에 사회망의 능력도 감소시키지 않도록 보장해야 한다.

출처 : 권진숙 · 박지영(2008), pp. 235-236.

4) 사례관리의 주요 모델

사례관리서비스를 제공하는 기관과 사례관리자는 서비스 대상과 기관의 환경에 적합한 사례관리 모델을 정립하고 이를 바탕으로 일하게 된다. 기관이나 서비스 제공자의 특성, 개입기간, 사례관리자의 역할이나 서비스 수준 등에 따라 다양한 차원에서 사례관리 모델에 대한 논의가 있어왔는데, 학자나 실천가들(Intagliata, 1982; Moore, 1990; 권진숙 · 박지영, 2008; 이근홍, 2006; 황성철, 1995)에 의해 제시된 주요 모델을 그 분류기준에 따라 살펴보면 다음과 같은데, 이들의 분류기준은 상호배타적이지 않으며 중복되는 속성을 가지고 있기도 하다.

(1) 사례관리서비스의 제공자에 따른 모델 구분

사례관리서비스의 제공자에 따라 구분되는 사례관리 모델은 우선 대인서비스 전문가 또는 특별히 훈련된 전문가에 의해서 제공되는 사례관리로서 통합전문가 모델, 일차적 치료자 모델, 학제 간 팀 모델로 나뉜다. 서비스 제공자가 전문가가 아니라 클라이언트와 특수한 관계에 있는 준전문가(para-professionals)나 비전문가에 의해서 제공되는 사례관리 모델로는 가족모델, 지역사회 주민에 의한 지지적 보호모델, 자원봉사자모델로 나누어지며, 주로 생활시설과 같은 종합서비스센터에서 제공되는 사례관리로는 종합서비스 센터모델 등이 있다.

- 통합전문가 모델이란 사례관리자가 개별 클라이언트 또는 클라이언트 집단의 서비스 조정에 대한 책임을 지며 사회복지실천, 간호, 공공복지, 심리학, 대인서비스 등에 대한 훈련을 바탕으로 사례관리자가 직접 서비스, 조정, 옹호 등을 통합적으로 제공하는 모델이다. 통합전문가는 중재자 활동을 하며 학사 또는 석사 수준의 전문가로 접수, 서비스기획, 서비스조정, 평가 등 전 과정에 관여한다. 이 모델의 장점으로는 각각의 클라이언트가 치료기획과 서비스 문제에 관하여 한 사람과 일함으로써 각각의 클

라이언트에 대하여 책임성 있게 대처할 수 있다.

- 일차적 치료자모델이란 사례관리자와 클라이언트가 치료적인 관계에서 일하는 사례관리 모델로 사례관리자는 석사학위 이상의 사회복지사, 심리학자, 정신의학자 등으로 전문인력이며 클라이언트의 관심사와 문제에 대한 치료자의 지식을 기반으로 개입하는 모델이다.
- 학제간 팀 모델이란 사례관리자들이 각자 특정한 전문영역의 서비스 활동에 개별적 책임을 가지며 다양한 학문분야 간 전문화된 팀의 일원으로 일하는 모델로 전문화된 사례 관리자들이 공동으로 사례관리의 모든 과정을 공유하며 함께 일하는 실천모델이다.
- 가족모델이란 주로 부모나 보호자가 아동의 사례관리자로서, 또는 성인자녀가 허약한 노인의 사례관리자로서 역할을 수행하는 모델이다. 가족이 사례관리 과정에 대한 훈련과 경험을 바탕으로 일하게 되면 보호의 연속성과 서비스의 질에 대하여 더 효과적일 것이라는 믿음에 기초한 모델이다. 이 모델은 전문가와 부모 · 성인자녀와의 협력관계를 발달시키는 것이 중요하며 대부분의 대인서비스 체계가 복잡하기 때문에 많은 전문가들이 소통하는데 어려움이 존재하지만 가족성원을 위한 사례관리와 옹호에 대한 훈련으로 가족 전체의 역량이 강화되는 장점이 있다.
- 지지적 보호모델이란 농촌 지역사회나 도시 저소득층 밀집지역에서 활용가능한 모델로 지역사회 내에서 만성 정신 장애인을 부양하는 데 필요한 심리적 지지를 그들의 자연적인 이웃과 비공식적 지지체계들이 제공할 수 있다는 신념에 기초한 모델이다. 이 모델에서 지역주민들은 직접적인 정신보건서비스를 제공할 수 있으며, 클라이언트와 그들이 필요로 하는 지역사회 지지를 경제적이고 효과적인 방법으로 연결하는 것이 가능하다고 보는 모델이다.
- 자원봉사자모델은 기관의 직원과 자원봉사자가 협력을 통하여 일하는 것으로 지역사회 자원봉사자가 일정 기간 훈련을 거쳐 사례관리 전문가의 지도 · 감독을 받으면서 만성정신장애인, 신체장애인, 허약한 노인, 발달

장애아동 등의 사례관리자로 활동하는 모델이다. 이 모델에서 자원봉사자는 클라이언트에게 직접적 서비스를 제공하기도 하고, 서비스를 점검하거나 조정하며, 준전문가로서 클라이언트를 원조하는 보조협력자의 역할을 수행한다.

- 종합서비스센터 모델은 서비스센터가 사회적 · 정서적 지지, 직업훈련, 기숙시설 등을 포함한 포괄적 서비스를 제공하는 모델로 만성정신장애인, 발달장애인시설 내의 수용자, 자립생활센터의 거주자, 지체장애인, 장기건강 보호가 필요한 사람 또는 위탁보호 가정의 아동과 청소년들에게 사례관리서비스를 제공한다. 이 모델의 장점으로는 클라이언트에게 복합적으로 개입할 수 있으며, 클라이언트 간 상호보호와 옹호기능의 형성을 돕기도 한다. 또한 이 모델은 보호의 연속성을 보장하면서 사례관리를 실천할 수 있고, 클라이언트로 하여금 독립적인 생활기술과 사회적으로 생산적이며 개인적으로 만족한 생활양식을 습득할 수 있도록 하는 데 도움이 되는 장점이 있다.

(2) 사례관리서비스의 제공기관의 형태에 따른 모델 구분

사례관리 모델은 사례관리서비스 제공기관의 형태에 따라 분류될 수도 있는데 이에 따르면 사례관리만을 독자적으로 수행하는 기관에 의한 모델, 직접서비스기관 내에 사례관리 실천단위가 있는 모델, 복합기능기관에서 이뤄지는 모델, 여러 기관들이 할당된 사례를 협력의 방식으로 일하는 모델 등으로 구분된다.

- 독자기관 모델이란 자율적 관리 조직체를 구축하고 있는 기관에서 사례관리서비스를 제공하는 모델로 사례관리만을 유일하게 제공한다. 서비스 협정을 통해 다른 기관과 재정을 공유하거나 자원을 의존할 필요가 없기 때문에 보호계획을 세우는 과정에서 독립성과 객관성으르 유지할 수 있는 장점이 있다.
- 직접 서비스기관 내의 특수단위 모델에서는 사례관리서비스로 가족상담, 가

정건강보조, 가정조성 또는 안내와 의뢰 서비스와 같은 직접서비스가 제공된다. 그러나 기관에서 직접서비스만을 제공해야 하는 한계를 지닌다.

- 특수단위시설 또는 복합 기능기관모델에서 사례관리는 병원, 노인홈, 또는 다목적 노인센터와 같은 복합적인 시설에서 실시된다. 사례관리의 단위가 하나의 구성요소로 간주될 수 있도록 다른 시설서비스로부터 분리되어 주체성을 갖는 것이 중요하다.
- 조합모델이란 다양한 기관들이 할당된 관리방식으로 협동적으로 일하는 것이며, 사례관리 프로그램은 조합서비스 제공자망을 통하여 클라이언트에게 원조를 제공하는 기능을 수행한다.

(3) 사례관리서비스의 수준에 따른 모델 구분

사례관리서비스에서 클라이언트에게 제공되는 서비스의 수준에 따라서 사례관리 모델이 구분되기도 하는데 이에 따르면 서비스의 수준이 단순한 정도에서 전문화되는 정도에 따라 단순형, 기본형, 종합형, 전문관리형모델로 구분된다.

단순형모델은 사례관리자의 역할이 지역사회자원과 서비스를 단순히 연계하는 수준의 사례관리모델로서 준전문가인 사례관리자의 수준에서도 실현가능한 모델이다. 기본형모델은 지역사회자원과 서비스 연계, 기초상담을 제공하는 수준의 모델로서 준전문가나 초급 전문가의 수준에서 실천될 수 있다. 종합형모델은 기본적으로 지역사회자원과 서비스를 연계하고 심층상담 및 치료적 기능을 수행하며 전문가의 수준에서 실천된다. 전문관리형모델의 경우 직접적, 간접적 서비스 제공과 전문 관리자로서의 역할을 수행한다. 제공되는 사례관리서비스의 수준에 따른 네 가지 모델에 대한 비교는 다음의 표로 요약 · 제시되었다(황성철, 1995).

〈표 1-3〉 서비스의 수준에 따른 사례관리의 분류

	단순형	기본형	종합형	전문관리형
사례관리의 근본 목적	지역사회의 자원과 서비스 연계	지역사회의 자원과 서비스 연계와 기초상담, 조언	지역사회의 자원과 서비스 연계, 심층 상담 또는 치료	직접적, 간접적 서비스 제공과 관리자로서 서비스 관리
사례관리의 기능	욕구인식 및 사정, 사례계획과 서비스 연계, 서비스 점검	적극적 사례발굴, 사정, 사례계획 및 개입, 서비스 연계, 상담, 서비스 점검	Rothman의 15개 기능을 수행[1)]	기본적인 사례관리 기능과 자원배분, 통솔, 의사결정 기능 포함
사례관리자의 역할	자원과 서비스 중개자	중개자, 상담자, 교육자, 지지자, 서비스 점검자	자원 및 서비스 중개자, 상담 또는 치료자, 교육자, 클라이언트 옹호자	연계자, 상담자, 치료자, 교육자, 관리자
사례관리자의 교육 및 전문성 정도	준전문가, 비전문가(전문대 졸업자, 또는 훈련된 자원봉사자)	준전문가, 전문가(전문대 졸업자, 또는 초년생 사회복지사)	전문가(경력이 풍부한 선임사회복지사)	특수 분야별 전문가
조직내 사례관리자의 위치와 수퍼비전	기존의 조직과 업무수행부서에서 수행, 전문가에 의한 엄격한 수퍼비전	기존의 조직 내에서 수행, 경험이 많은 사회복지사의 수퍼비전이 필요	독립된 사례관리 부서, 최소한의 수퍼비전	독립된 팀 형성, 수퍼비전이 필요 없음
사례관리자의 담당 사례 수	비교적 많음	적절한 사례(30사례 내외)	비교적 적은 사례(10~20사례)	최소한의 사례(10사례 미만)
개별/팀접근	팀 접근이 가능 그러나 주로 개별적 접근	개별적 접근	개별적 접근	팀 형성에 의한 접근
사례관리자의 업무에 관한 자율성 및 권위의 정도	자율적인 결정권이 없음, 전문가와 협의 요망	어느 정도 자율성이 보장됨	자율적인 의사결정이 보장됨	전문분야별 자율성 보장 그러나 공동결정 요망

출처 : 황성철(1995).

1) 참고문헌에 제시된 Rothman(1991)의 '사례관리 모델'에서 15가지 사례관리의 기능을 더 참조할 것

(4) 사례관리서비스 기능에 따른 모델 구분

무어(Moore, 1990)는 지역사회 내 서비스 통합의 수준과 자원의 수준에 따라 사례관리의 모델이 기능적으로 다양하게 결정될 수 있다고 보고, 서비스 통합의 수준과 자원의 수준에 따른 사례관리의 모델을 할당모델, 마케팅모델, 중개모델, 개발모델 등 네 가지로 제시하고 있다. 무어는 사례관리자가 일하는 지역사회와 기관의 서비스 통합 정도와 자원 수준에 따라 사례관리자의 기능이 좀 더 차별적으로 수행되어야 한다는 점을 강조하고 있다. 네 모델에 대한 개요는 다음과 같이 요약될 수 있다.

- 할당모델이란 서비스 전달체계의 자원은 불충분하지만 서비스를 제공할 수 있는 법, 제도, 전달체계 및 기관들이 잘 정비되고 통합수준이 높아서 사례관리자가 가능한 가장 효과적인 방법으로 자원을 분배할 수 있는 모델이다.
- 마케팅모델이란 서비스 통합의 수준과 서비스 전달체계 내의 자원의 수준이 높은 상황에서 사례관리자가 클라이언트의 욕구와 적합한 서비스를 결합시키며 서비스 전달을 조정하는 모델로 클라이언트의 욕구와 가장 적합한 서비스와의 연결에 초점을 두는 모델이다.
- 중개모델이란 서비스 전달체계 내에 유용한 자원이 많으나 그러한 자원을 전달할 수 있는 체계가 통합되어 있지 못한 서비스 환경에서 사례관리자가 다양한 서비스 제공자들의 서비스를 클라이언트에게 중개하며 일괄 서비스(service package)를 개발하는 것으로 사례관리자는 통합되지 않은 서비스 전달체계를 보충하는 역할을 담당한다.
- 개발모델이란 서비스 통합의 수준과 서비스 전달체계 내 자원의 수준이 낮은 상황에서 사례관리자가 자원을 개발하고 조정하는 역할을 동시에 수행하는 모델이다.

2. 월드비전 사례관리의 기본 방향

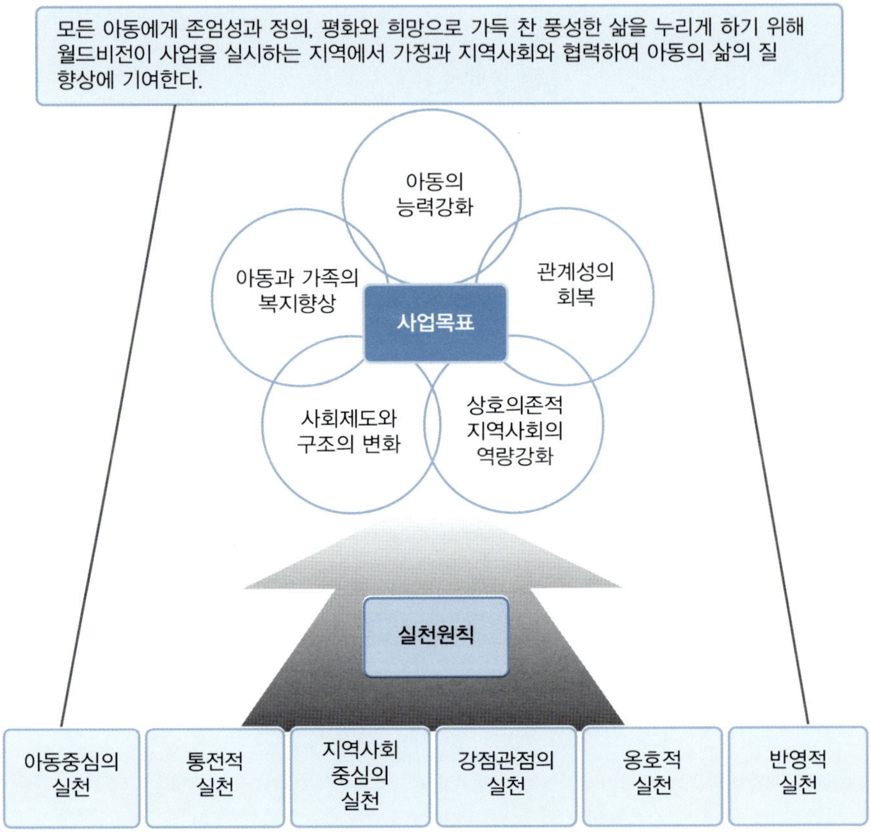

| 그림 1-1 | 월드비전 사례관리의 기본 방향

1) 월드비전의 핵심가치, 소명헌장, 비전헌장

월드비전은 전 세계 100여 개 국가에서 긴급구호, 지역개발, 옹호사업 등으로 사역하는 국제기구로 성장했고, 사역의 행동을 결정하는 기본 원리로서 ① 기독교인으로서 ② 가난하고 소외된 사람들을 위해 일하며, ③ 사람을 소중히 여기고, ④ 청지기와 ⑤ 동역자의 역할을 통해, ⑥ 지역사회에 응답하는 것을 핵심가치로 삼고 있다.

월드비전의 비전은 모든 어린이가 풍성한 삶을 누리는 것이며, 아울러 우리의 기도로 모든 사람들이 이 비전을 실현하도록 하는 것이다. 월드비전은 이러한 핵심가치와 비전을 구현하기 위해 ① 아동복지에 초점을 맞춘 지속적이고 지역단위의 변화를 가져오는 개발사업정책(TD), ② 긴급구호사업정책, ③ 옹호사업정책 등 3대 주요 사업정책을 수행해오고 있다.

월드비전이 지향하는 사례관리 실천의 기본 방향은 이론적 모델에 우선하여 월드비전의 가치와 비전을 공유하는 것으로부터 시작되어야 하는데, 그 이유는 사례관리와 같은 구체적인 활동은 실시 주체가 가진 지향성(핵심가치, 소명헌장, 비전헌장)을 서비스 이용자와 함께 실천을 통해 드러내는 수단이기 때문이다.

따라서 월드비전 사업장 내 사례관리의 실천근거와 기본 방향도 월드비전이 가진 가치와 비전에 기반하면서, 사업 전반의 지향을 공유하고 있는 변화를 가져오는 개발사업(TD : Transformational Development)에 의해 논리적으로 도출되어야 하고, 월드비전 사업 전반의 지향성과 실천전략으로서의 사례관리가 유기적으로 연결되어야 할 필요가 있다.

월드비전이 계획하는 사례관리의 운영과 실천과정에는 응당 TD Frame의 5개 목표(아동과 가족의 복지향상, 아동의 능력 강화, 관계성의 회복, 상호의존적 지역사회의 역량의 강화, 제도와 구조의 변화)와 접근방식(아동과 그 가족 중심 서비스의 지향, 지속성, 지역사회의 협력과 참여, 통전성 등)이 드러나야 한다. 이는 월드비전의 사례관리 활동은 독립적으로 존재하지 않으며, 월드비전이 지향하는 통전적인 삶의 구현을 클라이언트와 지역사회와 함께 수행하는 과정이기 때문이다.

이후의 논의에서는 월드비전의 가치와 비전을 바탕으로 월드비전 사례관리 사업의 목적과 목표를 구체화하고, 사업장 내 사례관리 실천을 위한 핵심 원칙들을 제시하고자 한다.

2) 월드비전 사례관리사업의 목적과 목표

(1) 사례관리의 목적과 대상

월드비전 사업장(복지관과 가정개발센터) 내 사례관리사업은 기독교 정신과 지역사회에 기반하여 아동을 중심으로 아동과 그 가족이 욕구에 부합되는 최선의 복지서비스를 누리도록 함께 일하면서 아동, 가족, 지역사회가 통전적인 모습으로 구현되는 것을 목적으로 한다.

월드비전 사례관리의 일차적인 사업대상은 지역사회에서 가난하고 소외된 아동, 위기에 처한 아동과 같이 도움이 필요한 아동이 사업대상이며, 해당 아동의 1차적 환경인 가족과 지지체계를 포함한 지역사회와 함께 일한다.

(2) 사례관리의 목표

월드비전 사례관리의 목적을 달성하기 위해 구체화 할 수 있는 사업의 목표를 제시하면 아래와 같은데, 이러한 목표들은 월드비전이 아동복지에 초점을 맞추어 지속적으로 추진하고 있는 지역단위의 변화를 위한 개발사업(TD)의 목표들과 그 궤를 같이 한다.

① 아동과 가족의 복지향상

월드비전 사례관리사업은 욕구를 가진 아동과 그 가족들이 사례관리서비스를 통하여 자신의 권리와 욕구가 더 보호받고 가족의 기능이 개선되며, 전체적인 복지가 더 향상되는 것을 목표로 한다.

② 아동의 능력 강화

월드비전 사례관리사업은 아동에 초점을 두고, 옹호적 접근방식을 통해 아동이 자신의 욕구나 문제상황을 해결하고 개선하는 능력을 향상시키도록 돕고,

새로운 위기상황에서도 잘 대응하며 현재와 미래에 참여하는 변화의 주체자로서 스스로의 능력을 강화하는 데에 우선적인 목표를 둔다.

③ 관계성의 회복

월드비전 사례관리사업은 사업장 내 사례관리 실천과정에 참여하는 모든 이들의 관계성이 보다 온전한 모습으로 변화되어 다양한 영역(영적, 신체적, 사회적, 문화적, 경제적, 정치적, 환경적)에서 통전적으로 회복되는 것을 목표로 한다.

④ 상호의존적 지역사회의 역량강화

월드비전 사례관리사업은 사업장(복지관과 가정개발센터)을 중심으로 다양한 공공 및 민간자원을 조직화하고 연계하여 아동과 가족의 욕구를 통합적으로 해결하기 위해 노력한다. 각 사업장은 이러한 실천과정에서 지역사회 내 모든 단위가 더 긴밀하게 상호 의존하고 협력하도록 주도적인 역할을 수행하고 이를 통해 궁극적으로 지역사회의 보호와 복지역량이 강화되는 것을 목표로 한다.

⑤ 사회제도와 구조의 변화

월드비전 사례관리사업의 목표는 단순히 서비스 이용 아동과 가족의 당면한 욕구를 해결하는 데 그치지 않고, 아동과 가족을 둘러싼 다양한 양육 및 유지환경(사회적, 경제적, 문화적, 정치적, 환경적)에 대한 옹호적 활동을 통해 아동의 존엄과 권리가 더 온전히 보호될 수 있도록 사회정책, 제도, 체계와 구조를 변화시키는 목표를 갖는다.

3) 월드비전 사례관리사업의 실천원칙

앞서 밝혔듯이 월드비전의 사례관리 실천은 따로 존재하는 것이 아니며, 하나님의 말씀과 기독교 정신에 근거하여 월드비전이 지향하는 통전적인 삶의 구현을 클라이언트, 지역사회와 함께 수행하는 과정이다. 이는 사례관리뿐만 아니라 월드비전의 모든 사업에 해당되는 것이다. 월드비전은 핵심가치, 소명헌장, 비전헌장 등 기관의 핵심문서에 그 구체적인 내용을 담고 있다. 사례관리는 이러한 기관의 철학을 바탕으로 실행하는 사업 중 하나로 당연히 이러한 핵심문서에 의해 가이드 된다.

이러한 배경으로 인해 월드비전 사업장 내 사례관리 운영과 실천원칙을 고려 할 때, 자연스럽게 아동복지에 초점을 두고 지역사회의 변화를 가져오는 개발사업(TD)의 접근방식과 통합적 사업의 초점(Christianity, Child-Focused, Community-Based)이 잘 드러나야 한다. 다음에 제시되는 사례관리 실천의 핵심 원칙들은 월드비전이 가진 지향성을 사례관리라는 실천전략으로 구체화한 것이라고 할 수 있다.

(1) 아동중심의 실천

월드비전은 소명헌장에서 가난하고 억압받은 자, 특별히 아동들과 함께 해야 한다고 명시하고 있다. 가난한 사람들과 어린이는 그리스도께서 특별한 관심을 가지셨던 작은 자이다. 따라서 월드비전은 사례관리의 주요 대상을 아동으로 초점화하여 아동중심의 실천을 지향한다. 대상을 아동으로 초점화한다는 의미가 아동 이외의 대상에게 소홀하다는 배타적 의미는 결코 아니며, 보호와 권리실현에 있어 가장 약자인 아동의 이익을 최우선적으로 담보한다는 적극적 의미로의 해석이 필요하다.

아동중심의 실천을 지향한다는 의미는 아동의 권리에 대한 전적인 지지를 바탕으로 아동에 대한 보호(protection), 서비스의 제공(provision), 주체적 참여(participation)와 같은 가치를 이용자 중심으로 구현하는 것이며, 실천의 전 과정에 아동이 자신의 의사와 결정권을 가지고 충분히 참여할 수 있도록 최선의 배려를 한다는 것이다. 이를 위해서는 아동의 일차적 지지체계인 가족을 중심으로 사례관리를 실천한다는 포괄적인 의미도 갖는다. 아울러 아동중심의 사례관리 실천이라는 말은 사업장의 상황에 맞추어 서비스를 제공하는 것이 아니라 아동과 가족의 욕구에 맞추어 사례관리자와 사례관리팀이 필요한 자원과 서비스를 계획, 개발, 동원, 연계, 전달하는 것을 의미한다.

(2) 통전적 실천

월드비전은 통전적 접근을 한다. 통전적 실천이란 인간의 삶과 관련되어 있는 모든 영역 곧 신체적, 물질적, 사회적, 심리적, 그리고 영적 영역 등의 변화를 통합하는 실천을 말한다. 월드비전의 사례관리는 이 통전적 실천을 위해 통전적 접근을 중요한 실천원칙으로 삼는다. 통전적 실천의 지향은 아동을 통합된 전체로 바라보는 시각에서 출발하는데, 아동의 삶과 관련된 모든 발달의 영역이 역동적으로 상호관련되어 있으므로 월드비전의 사례관리 실천은 아동의 전인적 영역에서의 건강성과 성장을 목표로 한다.

월드비전 사례관리가 통전적 실천을 지향한다는 것은 아동과 가족의 삶의 영역을 총괄적인 변화영역으로 파악하고 거기에 대응하는 통합적 서비스를 제공한다는 의미도 갖는데, 통전적, 통합적 서비스를 지향한다는 의미는 이용자의 삶과 욕구를 전체적인 관점에서 수용하고 사례관리자나 사례관리팀이 이의 해결을 돕기 위해 포괄적인 노력을 다한다는 것을 의미하기도 한다.

(3) 지역사회 중심 실천

월드비전의 사례관리는 아동과 가족이 삶을 영유하는 장(setting)인 해당 지역사회의 현장성과 즉시성(here and now)을 중시하고, 지역사회의 다양한 당사자들과 소통하고 협력하여 이용자의 변화 도모는 물론 지역사회도 함께 더 온전해지는 것을 주요한 실천원칙으로 삼는다. 지역사회 중심의 실천원칙은 궁극적으로 삶을 영위하는 공간으로서의 지역사회가 아동, 가족과 분리되지 않고 함께 성장, 변화하는 것을 목표로 하며 이를 통해 지역 전체의 복지력과 건강성이 제고되는 것을 의미한다.

지역사회를 기반으로 사례관리를 실천할 경우, 다양한 공적 자원과 민간자원이 함께 사례관리사업의 제공자와 수혜자로서 참여가 가능하다. 지역사회 중심 실천의 이점 중 하나는 접근성과 친밀도가 높은 자원망에서 나온 서비스나 프로그램이 클라이언트의 욕구에 따라 가장 필요한 시기에 적절한 방법으로 활용될 수 있다는 것이다. 아울러 이러한 실천이 더 활성화될수록 지역자원망은 더 촘촘해지고 견고해진다.

(4) 옹호적 실천

예수님은 가난하고 억압된 자들에게 불의한 인식, 문화 등을 변화시키기 위해 활동하셨다. 월드비전은 이러한 정신을 바탕으로 사례관리에 참여하는 아동과 가족들이 겪는 의롭지 못한 인식, 문화, 제도의 변화를 위해 옹호적 접근을 중요한 실천원칙으로 삼는다.

옹호적 실천은 월드비전 사례관리사업의 마지막 목표로 제시된 사회제도와 구조의 변화와 가장 밀접한 관련을 갖는 실천원칙이라 할 수 있는데, 이는 아동과 가족을 둘러싼 환경(사회적, 문화적, 경제적, 정치적, 환경적)에 대한 옹호적 활동을 통해 아동의 존엄과 권리가 더 온전히 보호될 수 있도록 사회정책, 제도, 체계와 구조를 변화시키는 것을 의미한다. 월드비전의 사례관리는 옹호적 실천의 원칙을 바탕으로 사례관리에 참여하는 아동과 가족들이 겪는 의롭지 못한 인식, 문화, 제도 등의 개선을 통해 아동과 가족의 이해를 최대한 구현하는 노력을 행한다.

사례관리 실천에서 클라이언트와 합의한 목표를 달성하기 위해 개인과 가족의 변화도 필요하지만, 때로는 개인과 가족을 뛰어넘는 더 큰 환경에 대한 개입과 변화를 추구해야 할 때가 있다. 옹호는 사회복지사가 클라이언트가 원하는 변화와 자원확보를 위해 클라이언트를 포함한 다양한 체계에 클라이언트의 이해와 입장을 대변하여 문제해결을 돕는 노력이고, 이를 통해 아동의 권리와 참여를 강조하는 월드비전의 사업가치가 더 잘 반영될 것으로 기대된다.

(5) 강점관점의 실천

월드비전은 가난하고 소외된 사람도 하나님의 형상대로 지음 받은 소중한 존재이고 하나님께서 주신 본연의(특별한) 능력이 있다고 믿는다. 따라서 월드비전의 사례관리는 서비스 이용자인 아동과 가족을 강점관점으로 바라보고 그들과 비전을 공유하며 사례관리를 수행하는 전 과정에 그들을 주체적인 협력자로 존중하고 함께 일하는 실천원칙을 견지한다. 즉, 강점관점으로 일한다는 의미는 서비스 이용자와 지역사회에 내재된 능력과 잠재력을 믿고 이를 중심으로 성공 경험을 쌓아가는 것을 의미한다.

강점관점을 기반으로 하는 월드비전의 실천원칙은 진단적 접근이나 문제중심의 접근에서 탈피하여 이용자의 결함과 실패보다는 그들의 능력과 열망에 초점을 두고 그들이 원하는 것을 중심으로 그들의 강점과 자원을 활용하여 삶의 변화를 돕는 것을 의미한다.

(6) 반영적 실천

반영적 실천이란 실천의 과정과 성과에 대해 지속적으로 돌아보고 성찰하는 것을 의미한다. 사례관리사업에서 반영적 실천을 지향한다는 의미는 사례관리자가 종전에 해오던 실천의 관성에 의해 서비스와 실천방법을 적용한다는 것이 아니라, 아동과 가족의 욕구와 이해를 최선으로 해결하는 방법과 기제에 대해 끊임없이 고민하고 지혜를 구한다는 것을 의미한다. 사례관리 역시 가치와 윤리에 입각한 전문적 사회복지실천의 한 활동이기에 반영적 실천의 지향은 서비스의 책무성이나 효과성을 강조하는 최근의 동향을 반영하는 실천원칙이라고 할 수 있다.

사례관리자들이 사례관리와 같은 통합적인 서비스의 과정과 효과를 체계적으로 파악하고 이를 개선하는 노력은 상당히 어려운 것이 사실이다. 하지만 사례관리 실천의 과정에 대해 성찰하고 실천의 효과를 경험적으로 파악해서 서비스 질을 개선하는 일련의 노력이 사례관리자의 고유업무임을 수용하는 것이 우선적으로 필요하다.

반영적 실천을 위해 사례관리자 혼자서만 고민할 필요는 없다. 사례관리에서의 반영적 실천은 개별 사례관리자의 기술과 전문적 판단에만 의지하지 않고 다양하게 구성된 기관 내 팀원들의 의견과 수퍼비전, 그리고 외부 교육훈련의 자원망을 놓치지 않고 실천의 과정에 반영한다는 것을 의미한다.

4) 월드비전 사례관리사업의 배경이론

사례관리라는 전문적 활동을 안내하는 주요한 지식기반으로서 사례관리 활동의 배경이 되는 실천관점과 배경이론에 대해 살피는 것도 중요한 일이다.[2] 일반적 사회복지 실천에서 강조되는 주요 관점과 배경이론 중, 사례관리 실천의 배경으로 부각되는 이론적 틀은 다양한데 월드비전의 사례관리사업 수행을 위해 배경으로 삼은 관점과 배경이론을 살펴본다면 생태체계적 관점, 옹호적 관점, 역량강화(임파워먼트)이론, 강점관점, 네트워크 이론, 아동권리와 아동중심의 관점 등으로 정리될 수 있다.

(1) 생태체계적 관점

생태체계적 관점은 클라이언트 개인의 문제상황에 중점을 두고 전문성을 키워왔던 기존의 사회복지 실천에 개인을 둘러싼 환경 내의 다양한 관계망과 상호작용, 사회적 변화 등에 대한 관심을 더하고 강조함으로써 통합적인 접근을 가능케 한 중요한 실천관점이다.

생태체계적 관점의 기본 전제는 인간을 포함한 모든 것들은 하나의 체계로 볼 수 있다는 것이다. 그리고 각 체계는 여러 하위체계들로 구성되는데, 하나의

2) 사례관리의 배경이론에 대한 내용은 인천광역시사회복지관협회 · 사례관리연구회(2009)의 내용을 바탕으로 재구성함

체계를 구성하는 하위체계들은 서로 관련되어 있고 서로 의존적이라는 것이다. 따라서 생태체계관점에 근거한 사회복지실천은 전체로서의(as a whole) 개인뿐 아니라 가족, 지역사회의 상호작용에 대한 포괄적인 이해를 통해 더 나은 기능 향상을 위한 효과적인 방법을 모색할 수 있다는 장점을 가지며, 이러한 관점은 통합적인 실천으로 대변되는 사례관리의 실천에도 온전히 적용가능한 지식기반이 될 수 있다.

사례관리에 있어 생태체계적 관점의 활용이 중요한 점은 각 체계와 환경, 즉 개인과 개인을 둘러싸고 있는 환경 간의 관계를 분석하는 데 있다. 생태적 관점은 체계관점에서 체계의 개념과 개인과 환경 간의 단순한 관계분석에서 더 나아가, 개인을 둘러싸고 있는 환경들을 그 상호작용의 정도에 따라 파악하고 개입하는 데 있다. 김동배와 권중돈(2001)은 생태체계적 관점을 활용한 사례관리의 주요 실천원칙을 제시하였는데 그 내용은 다음과 같다.

〈표 1-4〉 생태체계적 관점

• 개인과 환경을 분리할 수 없는 존재로 본다. • 실천의 과정에서 사례관리자는 클라이언트와 동등한 파트너십을 형성한다. • 클라이언트에게 영향을 미치는 모든 환경을 사정하고, 개인과 환경 간의 상호작용을 분석한다. • 클라이언트의 생활상황과 생활주기에서의 단계를 사정한다. • 개인과 모든 환경 간의 적합성을 증진시킬 수 있는 개입방법을 모색한다. • 긍정적 관계와 생활경험을 통해 클라이언트의 개인적 유능성을 증진시켜 나간다. • 사회적 지지는 사례관리자의 원조와 조화를 이룰 뿐 아니라 전체적인 실천에 필수적인 요소로 본다. • 클라이언트와 함께 해결방안을 모색하고 클라이언트의 역량강화에 초점을 둔다.

(2) 옹호적 관점

사례관리를 포함한 사회복지 실천에서 생태체계적 관점 외에도 옹호(advocacy)적 관점은 서비스 이용자의 권리보호와 환경변화에 필수적인 이론적 틀을 제공해준다. 옹호 서비스는 사회복지를 다른 전문직과 차별화해 주는 것으로 전통적으로 매우 높게 평가되어온 활동이다(엄명용 외, 2005). 클라이언트와 합의한 목표를 달성하기 위해 개인과 가족의 변화도 필요하지만, 때로는 개인과 가족을 뛰어넘는 더 큰 환경에 대한 개입과 변화를 추구해야 할 때가 있다. 옹호는 사회복지사가 클라이언트가 원하는 변화와 자원확보를 위해 클라이언트를 포함한 다양한 체계에 클라이언트의 이해와 입장을 대변하여 문제해결을 돕는 노력이고, 최대한 클라이언트와 함께하며 클라이언트의 자기결정을 존중하는 것이 중요하다.

월드비전의 주요 대상층인 아동들처럼 클라이언트가 자신의 권리를 주장할 능력이 취약하거나 자신의 권익을 확보할 능력과 지식이 부족할 경우, 클라이언트의 최선의 이익을 위해 사례관리자는 대변과 옹호활동을 통해 함께 힘을 키우고 체계에 대한 직 · 간접적인 개입활동을 행하게 된다. 옹호자로서 사례관리자는 클라이언트를 대변하거나, 클라이언트와 함께 체계의 변화를 이끌어내는 역할을 하게 된다.

콤톤과 갤러웨이(Compton & Gallaway, 1989)는 옹호내용의 결정주체를 크게 사회복지사, 사회복지사와 클라이언트의 공동계획, 그리고 클라이언트의 자기결정의 세 가지로 나누었는데, 공동계획은 양자가 공통적으로 수용가능한 시각에서 함께 결정한다는 것이고 스스로 결정하도록 허용하는 것도 중요하다는 것이 자기결정 주장인데, 결국 클라이언트의 능력과 상황, 문제의 성격을 고려하여 클라이언트의 의견과 입장이 충분히 반영되도록 하는 노력이 필요하다고 하겠다.

〈표 1-5〉 옹호적 관점

- 옹호적 관점은 서비스 이용자의 권리보호와 환경변화에 필요한 이론적 틀이다.
- 옹호는 사회복지사가 클라이언트가 원하는 변화와 자원 확보를 위해 클라이언트를 포함한 다양한 체계에 클라이언트의 이해와 입장을 대변하여 문제해결을 돕는 노력이다.
- 옹호자로서 사례관리자는 클라이언트를 대변하거나, 클라이언트와 함께 체계의 변화를 이끌어 내는 역할을 하게 된다.
- 옹호 내용의 결정에는 클라이언트의 의견과 입장이 충분히 반영되도록 하는 노력이 필요하다.

(3) 임파워먼트 관점

임파워먼트는 권한부여, 역량강화, 세력화 등으로 번역되며 사회복지 실천 영역에서 의미 있는 실천기반으로 점점 확대 · 적용되고 있다. 임파워먼트 이론은 개인, 그룹, 조직 및 지역사회 등이 기능을 잘 수행하도록 원조하는 과정에서 각 주체가 변화의 힘을 갖도록 자신감과 가치감을 제공하고 스스로 환경과 변화에 대한 통제력을 갖도록 돕는 실천이론이다.

이러한 임파워먼트 관점의 주요 원리는 사례관리의 기능과도 밀접하게 관련되는데, 사례관리의 주요 기능은 클라이언트와 그 체계의 잠재력을 극대화함으로써 문제를 해결하고 자원과 환경체계를 활용할 수 있는 능력을 스스로 갖도록 돕는데 있고, 이러한 개인과 환경의 최적기능을 위해 사례관리자는 다양한 체계에 효율적인 개입역할을 수행한다.

임파워먼트 관점은 개인이든 지역사회든 어느 체계나 이미 잠재적인 힘과 가능성, 기회들을 지니고 있다고 본다. 만약 어떤 체계가 제 기능을 유지하지 못하고 있다면 이는 그 체계만의 문제라기보다 제 기능을 도와야 할 사회구조나 자원의 부족현상으로 파악한다. 따라서 임파워먼트 관점에 기반한 사례관리자는 다양한 환경 속에 내재된 자원을 찾아내서 클라이언트가 접근할 수 있도록 도와주며, 이 과정에서 클라이언트로 하여금 개인적, 개인 간, 그리고 사회정치적 자원에의 접근성을 높이는 역할과 함께, 그 경험과 힘이 클라이언트에게 내면화되도록 도와야 한다.

(4) 강점관점

현장에서 임파워먼트 관점과 유사하게 사용되기도 하지만, 사례관리 실천에 유용하게 적용할 수 있는 주요한 관점의 하나로 강점관점을 들 수 있다. 강점관점은 모든 사람은 강점을 가지고 있다는 인식에서 출발한다. 샐리비(Saleebey)는 사회복지사가 "클라이언트의 장점, 능력, 재능, 자원과 열망에 대한 깊은 이해와 존경을 통해 우선적으로 끌려야 된다"고 말하고 있다.

이러한 강점관점이 사례관리 과정에 활용되면 클라이언트의 바람직한 변화를 위한 동기와 잠재능력을 향상시킬 수 있다. 강점관점에서는 사회복지사가 문제에 중심을 두기보다는 체계가 가지고 있는 자질과 기술을 토대로 접근함으로써 클라이언트 체계와 환경의 맥락에서 자원을 보다 효율적으로 이용할 수 있고, 더욱 효과적으로 기능이 증진되도록 이끌 수 있는데 이는 클라이언트의 회복력을 통해 더욱 견고해진다고 여긴다.

또한 강점관점에서는 클라이언트가 모든 영역에서 강점을 가질 수는 없지만, 모든 클라이언트에게 강점과 자원이 있으므로 그 강점과 잠재력에 주목하고 긍정적 의도, 노력, 성취에 이르도록 도와야 한다는 점을 강조한다. 때로는 클라이언트가 위기 중에 있으면 강점을 주목하지 못할 수도 있으므로 사회복지사가 강점을 부각하여 자원을 재조직하면 자신감을 향상시켜 클라이언트 스스로 어려움을 해결할 수 있는 힘을 갖게 된다.

일반적 사회복지실천에서처럼 사례관리에서도 임파워먼트와 강점관점이 아주 유용한 실천의 지식기반으로 기여할 수 있는데, 사례관리에 주는 시사점을 정리하면 다음과 같다.

〈표 1-6〉 강점관점과 임파워먼트 관점

- 임파워먼트 실천은 클라이언트가 스스로의 힘으로 자신에게 필요한 자원을 얻을 수 있도록 역량을 강화하는 것이다.
- 임파워먼트 실천은 개인과 대인관계 그리고 사회의 여러 기회와 물리적인 환경 속에 내재된 자원을 찾아내고 이를 클라이언트가 잘 활용할 수 있도록 돕는 기능을 수행한다.
- 바람직한 변화를 위해 모든 클라이언트에게 내재해 있는 문제를 해결할 수 있는 강점과 동기 및 잠재능력이 강조된다.
- 사례관리의 주요 목적은 클라이언트의 잠재력을 극대화함으로써 문제를 해결하고 환경체계를 활용할 수 있는 능력을 함양하는 것이다.

(5) 네트워크 이론

사례관리는 다양한 조직과 자원의 연계를 통해 이용자에게 욕구에 부합되는 최적의 서비스를 제공하는 것을 목표로 하고 있기에, 자연스럽게 사회적 관계망(network)이나 조직 간 협력(collaboration)을 필요로 한다. 사례관리에서 네트워크를 활용한다는 의미는 클라이언트에게 적절하고 포괄적이며 지속적인 서비스를 제공하기 위해 지역사회 내 자원망을 연계하여 보호의 연속성과 서비스의 책임성을 제고한다는 것이다. 이러한 배경으로 인해 네트워크 이론도 사례관리 실천의 주요한 지식기반이 된다고 할 수 있다(인천광역시사회복지관협회 · 사례관리연구회, 2009). 네트워크(network)의 개념은 사회복지분야를 포함하여 여러 학문분야와 현장에서 매우 다양한 의미로 사용되고 있기는 한데, 네트워크란 자원, 기술, 사회관계, 지식, 신뢰 등을 서로 공유할 수 있는 사람들 또는 단체의 공식적 혹은 비공식적 관계의 망으로 유대(tie) 또는 연계(linkage)라고 정의할 수 있다(이준영, 2007).

클라이언트의 복합적인 욕구는 클라이언트와 가정만이 아니라 지역사회 차원에서 다양한 기관이나 시설, 단체의 참여와 협력을 통해서 충족될 수 있다. 사례관리에서 네트워크의 활용이 필요한 이유는 지역사회 내 사회복지 관련 조직들이 클라이언트에게 서비스를 제공함에 있어서 지원의 중복과 갈등을 최소화하고, 단위 조직의 정보, 인력, 설비 등 자원의 공유를 통해 지역사회 자원의 활용도를 최대화함으로써 사업의 효과성을 극대화할 수 있기 때문이다. 아울러 네트워크 활동을 통해 누락된 클라이언트를 발굴하고, 서비스의 단절을 극복할 수 있으며, 서비스와 프로그램의 조정 등을 통한 효율성을 증대시키고, 부족한 자원을 채울 수도 있다.

네트워크 이론 중에서 어떤 측면을 강조하느냐에 따라 다양한 이론(사회자본이론, 네트워크 거버넌스이론, 자원의존이론, 사회교환이론)들이 있다. 여기서는 전술한 네 가지 이론들 중 네트워크 형성과 유지의 동기로서 조직 간 자원의 의존과 관리 측면을 강조하는 자원의존이론과 자원의 교환 측면을 강조하는 사회교환이론 두 가지를 중심으로 월드비전 사례관리 실천에 주는 함의를 논하였다[다른 이론에 대한 더 자세한 고찰은 인천광역시사회복지관협회 · 사례관리연구회(2009)의 pp. 46-50을 참조].

① 자원의존이론

네트워크 활동을 설명하는 이론 중 하나인 자원의존이론(resource dependency theory)에 따르면 조직은 생존과 유지를 위해 핵심자원을 관리하여 다른 조직이나 집단의 요구에 적절히 반응하고, 환경의 제약으로부터 더 많은 자율성과 재량권을 획득하기 위해 외부적인 의존관계를 관리해야 한다고 설명한다. 지역사회 환경 내 자원의 집중도(concentration of resources), 자원의 희소성(scarcity of resources), 조직 간 상호연관성(interconnectedness of organizations)에 따라 자원에 대한 전략적인 관리활동이 이루어지며 이를 통해 기관들은 자원과 관련된 상황적 제약을 극복(또는 지배)할 수 있다. 이 이론의 시사점은 모든 조직은 목적을 성취하기 위해 과업환경 내 자원이나 경쟁자들을 필요로 하고 그들과 상호조정 및 협력을 통해 전체 지역사회의 발전을 이뤄야 한다는 것이다.

② 사회교환이론

사회교환이론은 서로 영역이 다른 개인이나 조직이 서로에게 필요로 하는 것을 상대방과의 교환을 통해 획득하려고 네트워크를 형성한다고 파악한다. 사회교환이론은 개인, 집단 또는 조직 간의 균형 있는 교환을 통해서 개인, 집단, 조직 나아가 지역이 발전한다는 점을 강조하는데, 이 관점에 따르면 네트워크는 사회교환의 과정에 의해서 형성되고 유지 · 발전된다.

사회적 교환이론에 따르면 사회적 교환은 교환의 장에서 이루어지며 교환의 장은 원하는 자원과 상품을 교환하기 위해서 다양한 관점에서 서로에게 영향을 주는 둘 이상의 참가자로 구성되는 하나의 시장에서 이루어진다. 사회적 교환의 가치는 경제적 보상뿐만 아니라 기관의 만족이나 가치, 사명감의 충족, 사회적 기여, 증진된 사회적 지위 등 무형의 가치도 포함된다. 따라서 인적 · 물적 자원을 포함하는 상담, 지역조직서비스, 돈, 정보, 아이디어, 정치적 영향력, 의지, 의미, 힘, 클라이언트를 포함하는 유형 또는 무형의 자원들이 교환의 가치를 갖는다.

〈표 1-7〉 네트워크 이론

- **네트워크**는 부족한 자원을 다른 기관과의 협력을 통해 극복하려고 하는 노력의 결과이다. 이를 통해 누락된 클라이언트를 발굴하고, 서비스의 단절을 극복할 수 있으며, 서비스와 프로그램의 중복 조정 등을 통해 효율성을 증대시키고, 부족한 자원을 동원한다.
- **자원의존이론**은 경쟁 및 의존 자원에 대한 전략적인 관리의 필요성을 강조하며 이를 통해 각 기관들은 자원과 관련된 환경적 제약을 극복할 수 있고, 이를 위해 조직 간 조정과 협력이 필요함을 알려준다.
- **사회교환이론**은 개인, 집단 또는 조직 간의 균형 있는 교환을 통해서 개인, 집단, 조직, 지역의 발전을 강조한다.

(6) 아동권리와 아동중심의 관점

모든 아동은 독립된 인격을 가진 권리의 주체로 인식되어야 한다. 아동권리가 갖는 절대적이고 보편적인 속성은 아동이 제한을 받지 않고 다른 자연인과 똑같은 권리를 향유하는 자율적 주체임을 뒷받침하는 근거가 된다(공계순 외, 2008). 아동들이 출생과 함께 부여받고 보편적으로 누려야 할 제반 아동권리를 인식하고 이를 구체화하는 노력은 월드비전 사례관리사업의 지향과 목표를 안내하는 중요한 기반이 된다.

아동이 갖는 권리의 내용은 역사적으로 3P의 개념, 즉 제공(Provision), 보호(Protection), 참여(Participation)의 개념으로 이해될 수 있는데, 이는 UN의 국제협약으로 각 국에서 비준된 아동권리선언이 강조하는 생존, 보호, 발달, 참여에 대한 주체적인 권리로 보편화되고 있다. 생존에 관한 권리는 아동의 기본적 생존에 요구되는 자원을 제공받고 누릴 권리를 의미하며, 보호는 유해하고 열악한 환경으로부터 보호받는 일체의 권리를 의미하며, 학대로부터 보호받고 제

역할을 못하는 부모나 가족으로부터 분리 보호되는 권리까지도 여기에 포함된다. 성장과 발달에 대한 권리는 건강한 사회구성원으로 자랄 수 있는 일체의 제도적 지원을 누릴 권리를 의미하며, 참여는 아동이 삶을 영위하는 과정에서 자유롭게 자신의 의사결정을 하고, 간섭받지 않는 가운데 자신의 권리행사에 참여하는 것을 말한다. 개인의 선호는 물론 법률과 제도 형성에 참여하는 권리도 최근에는 강조되고 있다. 아동의 권리를 온전히 반영하기 위해서는 보호나 제공과 같은 소극적 권리뿐 아니라 참여의 과정을 통해 더 실질적이고 적극적인 권리도 보장되도록 노력해야 한다.

아동권리에 대한 강조 외에도 월드비전이 사례관리사업의 배경으로 삼은 것은 아동중심의 관점이다. 아동을 고유성과 잠재성을 가진 존재로 여기는 아동중심의 관점(소극적이고 수동적인 시각에서 탈피하여 적극적이고 주체적인 시각으로 아동을 이해하는 관점)은 아동을 ① 지속적으로 성장, 변화, 발달해가는 존재로 여기며, ② 통합된 전체로서 전인적 인격을 가진 존재로 바라보고, ③ 어른이나 가족에게 예속된 존재가 아니라 독립된 인격과 권리를 충분히 누릴 수 있는 권리의 주체로 보며, ④ 성장하고 발달하는 속도, 능력, 성격 등에 있어 다를 수 있는 독자적이고 고유한 존재라고 인식하는 것을 말한다(공계순 외, 2008). 월드비전은 이와 같이 아동권리에 대한 인식과 아동중심의 관점을 이론적 배경으로 하여 아동중심의 실천을 지향하고 있다.

5) 월드비전 사례관리사업의 모델유형

사례관리사업을 정형화(모형화)하여 분류하는 데는 다양한 기준이 있고, 어떤 분류기준을 적용하는가에 따라 한 기관의 사례관리 실천도 다양한 모형으로 제시될 수 있다. 사례관리 모델을 논의하는 기준으로는 사례관리자의 전문성과 통합성의 수준, 사례관리 제공기관의 형태, 사례관리서비스의 개입수준, 사례관리서비스 기능 등[3]이 있는데 월드비전의 사례관리사업이 지향하는 사업모형을 몇 개의 분류기준에 따라 정리하면 다음과 같이 정리된다.

우선, 월드비전 사례관리사업은 사례관리서비스의 제공자의 전문성과 통합성의 수준에 따라 구분하면 통합전문가 모형을 지향하고 있는데, 이 모형에서 사례관리자는 서비스 조정에 대한 책임을 지며 다양한 교육과 훈련을 바탕으로 직접 서비스는 물론, 서비스 연계와 조정, 옹호 등을 통합적으로 제공한다. 통합전문가는 중재자로서 활동도 많이 하며 학사 또는 석사 수준의 전문가로 접수, 서비스기획, 서비스조정, 평가 등 전 과정에 주도적으로 내 · 외부 자원망과 협력하여 일하는 모형이다.

월드비전 사례관리사업을 사례관리서비스의 개입수준[4]에 따라 분류한다면, 기본형에서부터 통합형의 개입을 한 기관 내에서 동시에 하고 있는 모형이라 할 수 있다. 기존의 등록아동에 대한 유지 · 관리는 사례관리개입수준에 있어 기본형에 속한다고 볼 수 있고, 기관 내외의 통합적 서비스를 필요로 하는 아동과 그 가족들은 통합형 사례관리 모형으로 대응이 가능하다고 본다.

무어(Moore, 1990)는 지역사회 내 서비스 통합의 수준과 자원의 수준에 따라 사례관리의 모델이 기능적으로 다양하게 결정될 수 있다고 보았는데, 이러한 기준[5]으로 월드비전의 사례관리 사업을 구분해 보면, 가정개발센터(FDC)[6]가 위치한 지역사회는 일반적으로 서비스 통합의 수준과 서비스 전달체계 내 자원의 수준이 낮은 '개발모델'에 해당될 것이고 이런 지역적 조건에서는 사례관리자가 자원을 개발하고 조정하는 역할을 동시에 수행해야 하는 부담을 갖게 된다. 반면 대부분의 월드비전이 운영하는 사회복지관들[7]은 지역내에 유용한 자

3) 사례관리 모델에 대한 더 자세한 논의는 '사례관리에 대한 일반 이해', P.18 부분을 더 참조

4) 서비스의 수준이 단순한 정도에서 전문화되는 정도, 더 자세한 내용은 〈표 1-3〉 참조

5) Moore의 사례관리 모델에 관해서는 1장 p.18의 내용을 더 참조할 것

6) FDC(Family Development Center)는 복지환경이 열악한 지역을 중심으로 아동의 안전과 건강한 성장을 위해 서비스를 지원하는 법인 자체 운영기관이다.

7) 사회복지관이란 지역사회를 기반으로 일정한 시설과 전문인력을 갖추고 지역주민의 참여와 협력을 통하여 지역사회 복지 문제를 예방하고 해결하기 위하여 종합적인 복지서비스를 제공하는 시설을 말한다.

원이 많으나 아직까지는 자원을 효과적으로 전달하는 체계가 통합되어 있지 못한 환경에서 일하는 '중개모델'에 해당한다고 판단된다. '중개모델'에서 사례관리자는 다양한 서비스 제공자들(지역 내 연계기관)의 서비스를 클라이언트에게 중개하며 일괄 서비스(service package)를 개발하며 사례관리자는 통합되지 않은 서비스 전달체계를 보충하고 조정하는 역할을 많이 담당하게 된다. 장기적으로 월드비전의 사례관리 사업의 기능적 모델은 '마케팅 모델'을 지향하는 것이 바람직하다고 판단되는데, 이는 기관과 지역내 서비스 통합과 자원의 수준이 모두 높아지는 상황을 조성하고 사례관리자가 클라이언트의 욕구와 적합한 서비스를 결합시키며 서비스 전달을 조정하는 모델로 클라이언트의 욕구와 가장 적합한 서비스와의 연결에 초점을 두는 사례관리 모형이라고 할 수 있다.

월드비전 사례관리사업의 모델 유형에 대해 정리하면, 사례관리자의 전문성과 통합성의 수준에서는 통합전문가 모형을 지향하고, 서비스이용자인 아동과 가족의 욕구수준과 기관의 자원에 따라 차별적인 개입수준(기본형, 일반형, 통합형)을 적절히 안분해야 하고, 장기적으로 사업의 기능적 모델은 서비스 통합과 자원의 수준이 모두 높아지는 상황을 조성하는 방향으로 전개되어야 할 것이다.

Chapter 02

월드비전 사례관리 운영체계

CONTENT

1. 클라이언트체계
2. 내 · 외부 운영체계
3. 사례관리지원체계
4. 직원교육훈련체계
5. 정보관리체계

Chapter 02

월드비전 사례관리 운영체계

월드비전의 사례관리 운영체계는 사례관리가 수행되기 위한 조직의 내외적 수행구조이자 하드웨어이다. 운영체계가 중요한 이유는 사례관리라는 실천방법이 사례관리 담당자[8] 개인의 역량에 의존하는 하나의 직무가 아니기 때문이다. 즉, 사례관리는 사례관리 담당자를 지원할 수 있는 내외적 지원체계의 효율적 운영에 따라 그 성패가 좌우된다고 해도 과언이 아니다. 사례관리 운영체계의 구성요소는 클라이언트체계, 내 · 외부운영체계, 사례관리지원체계, 직원교육훈련체계, 정보관리체계로 구성되며, 각각의 주요 하위구성요소 및 기능은 다음과 같이 도식화 할 수 있다.

8) 월드비전은 2장 '월드비전 사례관리 운영체계' 이하 사례관리자를 사례관리 담당자로 사용하기로 함

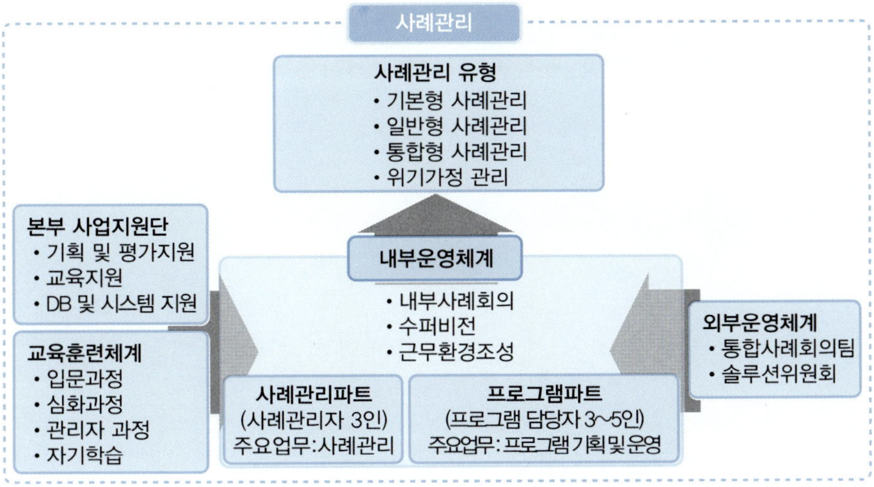

| 그림 2-1 | 월드비전 사례관리 운영체계-복지관

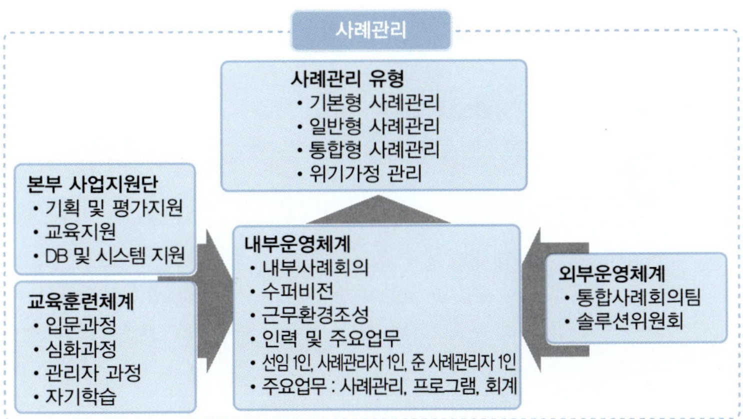

| 그림 2-2 | 월드비전 사례관리 운영체계-FDC[9]

이러한 구성요소들은 월드비전의 조직경계를 넘어설 뿐만 아니라 지역사회의 다양한 조직 간의 경계확장을 통한 통합적 사례관리모형을 채택하게 된다. 이를 통해 월드비전의 사례관리 5대 목표인 '아동과 가족의 복지 향상', '아동의

9) FDC(Family Development Center)는 복지환경이 열악한 지역을 중심으로 아동의 안전과 건강한 성장을 위해 서비스를 지원하는 법인 자체 운영기관이다.

능력강화', '관계성의 회복', '상호의존적 지역사회의 역량강화', '사회제도와 구조의 변화'를 실현하기 위한 체계를 마련하게 된다.

1. 클라이언트체계

1) 일반사회복지 서비스 대상자와 사례관리 참여자 구분

월드비전의 산하조직을 이용하는 아동 및 가족 중 모두가 사례관리 참여자가 아님은 분명하며 이 중 단순정보 및 서비스만을 필요로 하는 집단에서부터 집중적인 사례관리를 필요로 하는 집단에 이르기까지 다양하게 분포한다. 이를 구분하여 유형화하면 다음의 표와 같이 구분하여 볼 수 있다.

〈표 2-1〉 일반사회복지 서비스 대상자 유형 구분

구 분	정 의	주요 개입방법 및 목표
단순정보 이용자	• 사회복지 관련 정보 부족으로 당면한 문제해결이나 욕구충족에 어려움을 겪고 있는 클라이언트	• 일회성 상담을 통해 직접적이고 구체적인 정보제공 • 획득한 정보를 활용하여 필요한 자원을 스스로 획득할 수 있도록 함
프로그램 이용자	• 개인과 가족의 특정 영역의 기능향상이나 복지수준 향상을 위해 기관 내부의 단위서비스를 필요로 하는 클라이언트	• 프로그램별 이용자 기준에 따라 적정한 대상자에 대한 프로그램 제공 • 프로그램의 목표에 따른 개인과 가족의 기능향상 도모
사례관리 대상자	• 잠재적 사례관리대상자 중 월드비전의 사례관리 운영지침에 의한 선정기준에 부합되는 클라이언트	• 사례관리 유형 구분에 따른 서비스 제공방식 결정

구 분	정 의	주요 개입방법 및 목표
사례관리 대상자	• 이 중 개인과 가족의 복지수준 향상을 위해 사례관리의 주요 절차와 업무수행방식에 동의하고 필요한 서비스계약을 수립한 클라이언트	• 월드비전 사례관리목표에 따라 개인과 가족의 기능향상, 복지향상, 관계성의 회복, 지역사회의 상호의존적 역량강화, 사회제도와 구조의 변화 도모
위기/긴급지원 대상자	• 긴급한 사회적 지원이 없다면 개인과 가족의 물리적 안전이나 심리·정서적 안전을 확보하기 어려운 클라이언트	• 모든 서비스 이용기준을 적용하지 않고 최대 3일 이내에 아동과 가족의 최소한의 안전 확보를 위해 필요한 직·간접서비스 제공 • 물질 및 심리·정서적 지원을 통해 아동과 가족의 위기 안정화 및 일시적 안전 확보 • 총개입기간은 1개월이 넘지 않도록 하며, 위기안정화 이후 필요시 통합형 사례관리대상자로 등록이 가능함
잠재적 사례관리 대상자	• 포괄적이고 만성적인 욕구 미충족 상태를 경험하고 있어서 지속적인 사회적 지원을 통해 개인과 가족의 통전적 삶의 회복, 복지수준 향상이 요구되는 클라이언트	• 지속적인 모니터링을 통해 적절한 수준의 개입을 할 수 있는 구조마련

이렇듯 다양한 클라이언트 중에서 '사례관리라는 서비스 전달방식을 필요로 하는 클라이언트집단을 유형화한 것이 사례관리 참여자[10)]라 할 수 있다.

2) 사례관리 참여자

사례관리 참여자는 사회복지 서비스 이용자 중의 일부를 차지하며, 사례선정

10) 월드비전은 〈표 2-1〉의 사례관리 대상자에 해당하는 사람을 2장 '월드비전 사례관리 운영체계' 이하 사례관리 참여자로 사용하기로 함

은 사례관리라는 서비스 접근방법이 필요한 대상가구를 선정하는 과정을 의미한다. 사례관리의 도입배경이 복합적이고 다양한 문제상황에 직면하고 있어서 한두 가지의 단편적인 서비스의 연결만으로는 해당 가구의 삶의 온전성이나 삶의 질을 향상시키기 어려운 경우, 이 가구에게 필요한 다양한 서비스의 통합성을 확보하는 것이 최우선이 되는 경우가 사례선정의 주요 기준이 된다.

(1) 사례관리 유형 구분

사례관리 참여자에게는 참여자별 개입방안을 마련한다는 의미에서 사례관리 관리유형은 참여자 수만큼 다양한 유형이 존재한다. 그럼에도 불구하고 사례관리 유형을 구분하는 이유는 사례관리의 업무의 효율화 및 서비스의 주요 표준을 설정하기 위함이다. 월드비전은 이에 사례관리를 기본형, 일반형, 통합형으로 구분하며 각 유형별로 참여자의 주요 특성, 주요 서비스 전략, 재사정주기 등의 업무표준을 제시하였다.

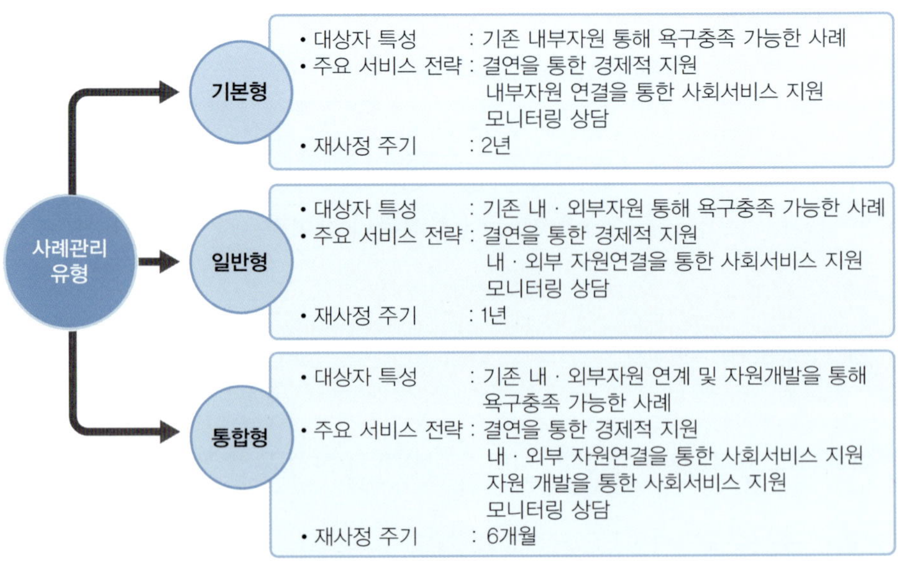

| 그림 2-3 | 월드비전 사례관리 유형

① 기본형 사례관리

기본형 사례관리는 아동과 가족이 기본 역량은 있으나 소득부족으로 경제적 어려움을 겪고 있는 경우, 결연을 통한 소득지원중심의 개입활동이 이루어지는 경우이다. 이 경우 소득지원과 함께 아동과 그 가족에 대한 지속적인 모니터링을 통해 빈곤으로 내몰리는 것을 예방하고 빈곤으로 인한 가족기능이 약화되거나 아동에 대한 보호능력이 쇠퇴되는 것을 예방하는 것이 중요하다. 따라서 단순히 결연을 통한 소득지원 접근이 아니라 모니터링에 초점을 둔 접근이 강조되어야 한다.

주요 개입방안으로, 기본적인 아동과 가족구성원에 대한 사정평가는 다른 유형의 사례관리와 동일한 양식과 절차를 거치지만 아동과 가족의 역량을 고려하여 주기적인 재사정 기간은 재결연주기에 맞춰 2년에 1회로 하며 지속적인 점검을 위한 접촉빈도는 6개월에 1회 이상의 대면접촉을 유지하도록 한다.

② 일반형 사례관리

일반형 사례관리는 결연을 통한 소득지원과 함께 정보부족 등으로 다양한 사회서비스를 이용하지 못하고 있는 아동과 그 가족을 위해 필요한 서비스를 연결함으로써 아동과 가족의 복지를 향상시키는 것이다. 즉, 일반형 사례관리의 목표는 아동과 가족의 복지향상 및 아동의 역량강화 및 아동과 가족을 둘러싼 다양한 환경과의 관계성 회복을 위한 전문서비스를 제공하는 것이다.

이를 위해 주기적인 재사정 기간은 년 1회로 하며 지속적인 점검을 위한 접촉빈도는 분기별 1회 이상의 대면접촉을 유지하도록 한다.

③ 통합형 사례관리

통합형 사례관리는 아동과 그 가족의 복지수준을 향상시키기 위해서는 결연을 통한 소득지원이나 기존의 사회서비스를 연결하여 제공하는 것만으로는 부족하여, 지역사회가 아동과 그 가족을 위해 새로운 서비스 원칙들을 마련하거나 제공하기 위한 역량강화를 필요로 하는 경우이다. 즉, 사례관리를 통한 개입의 효과를 아동과 그 가족에 국한하는 것이 아니라 지역사회의 역량강화 및 사회제도와 구조의 변화를 이끌어내는 데 그 초점을 둔다.

이를 위해서는 아동 및 가족을 통한 주기적인 재사정은 6개월에 1회로 하며 지속적인 점검을 위한 접촉빈도는 월 1회 이상의 대면접촉을 통해 이루어질 수 있도록 한다.

(2) 사례관리 유형별 목표영역

각 유형별 사례관리 목표영역을 구분하여 제시하면 다음과 같다.[11)]

〈표 2-2〉 사례관리 유형별 목표영역

월드비전 사례관리 목표	사례관리 유형별 목표영역		
	기본형	일반형	통합형
아동과 가족의 복지향상	○	○	○
아동의 능력강화		○	○
관계성의 회복		○	○
상호의존적 지역사회의 역량강화			○
사회제도와 구조의 변화			○

(3) 사례관리 유형별 주요 개입방안

월드비전 사례관리를 유형별로 개입의 목표, 사례관리의 기본적인 계약기간 설정 및 방법, 사례관리참여자의 욕구에 대한 민감성을 강화하고 변화하는 상황에 적극적으로 대처하기 위해 정기적인 재사정주기의 기준, 사례관리진행과정을 점검하기 위한 정기점검의 빈도, 사례관리유형별 주요 서비스 전략을 구분하여 제시하면 다음의 표와 같다.

11) 1장 2. 월드비전 사례관리의 기본 방향 참조

〈표 2-3〉 사례관리 유형별 주요 개입방안

구 분	사례관리 유형별 목표영역		
	기본형	일반형	통합형
목표	• 아동과 가족의 복지 향상	• 아동과 가족의 복지 향상 • 아동의 능력강화 • 관계성의 회복	• 아동과 가족의 복지향상 • 아동의 능력강화 • 관계성의 회복 • 상호의존적 지역사회 역량강화 • 사회제도와 구조의 변화
사례관리 기본계약 기간	• 2년 단위 • 필요 시 아동이 성년이 될 때까지 재계약 가능	• 1년 단위 • 필요 시 아동이 성년이 될 때까지 재계약 가능	• 1년 단위 • 필요 시 아동이 성년이 될 때까지 재계약 가능
재사정 주기	• 2년	• 1년	• 6개월
점검빈도	• 면접 : 6개월 1회 이상 • 전화 : 6개월 1회 이상	• 면접 : 3개월 1회 이상 • 전화 : 3개월 1회 이상	• 면접 : 1개월 1회 이상
주요 서비스 전략	• 결연을 통한 경제적 지원	• 결연을 통한 경제적 지원 • 결연을 통한 사회 서비스 연결 • 내 · 외부자원연결을 통한 사회서비스 제공	• 결연을 통한 경제적 지원 • 결연을 통한 사회서비스 연결 • 내 · 외부자원연결을 통한 사회서비스 제공 • 자원조정 및 옹호활동을 통한 자원개발이나 사회서비스 제공

2. 내 · 외부 운영체계

내 · 외부 운영체계는 월드비전의 사례관리 시스템이 실제적으로 작동되는 조직구조이다. 내부운영체계는 조직내부에서 사례관리의 직접적 책임성을 갖는 부서와 이를 지원하는 부서의 정의, 각각의 협력방식에 대한 정의를 필요로 한다. 아울러 외부운영체계는 지역사회의 사례관리 참여자의 삶에 직 · 간접적으로 영향을 주거나, 실제적 혹은 잠재적인 서비스자원들로 구성된다. 이 조직들이 어떠한 방식으로 운영되는가에 따라 사례관리의 실효성과 지속발전가능성이 담보되므로 이러한 외부운영체계를 잘 조직화하는 것도 사례관리파트의 주요한 과업이라 할 수 있다. 각각의 주요 구성 및 운영방안은 다음과 같다.

1) 내부운영체계

내부운영체계는 사례관리 담당자, 사례관리 담당자가 소속된 부서나 팀, 사례관리를 위해 자원동원이나 업무협조가 필요한 부서나 조직, 사례관리 담당자의 역량을 강화하거나 사례관리에서의 의사결정을 위한 수퍼비전이나 사례회의를 위한 지원조직 등으로 구분해볼 수 있다.

이는 현황분석을 통해 각 조직이 지향하는 사례관리의 목적 및 주요 성과를 달성하기 위한 투입요소의 의미를 갖는다. 투입요소는 사례관리의 도입을 통해 조직이 서비스운영체계를 어떤 방식으로 효율화하고자 하는지, 그 결과 사례관리 참여자에게 어떤 변화를 가져오고자 하는지에 맞는, 성과목표를 달성하는데 적절한 수준이 되어야 한다.

구체적으로는 사례관리 담당자의 사례관리에 대한 적정한 투입시간이 고려되어야 하며, 또한 투입가능한 인력, 시간에 적절한 사례분담 수준이 결정되어야 할 것이다.

한편 종합사회복지관과 같이 조직이 사례관리 중심의 운영체계만으로 구성되어 있지 않은, 복합적 서비스조직인 경우, 사례관리 담당자 혹은 사례관리파트 이외의 내부지원체계는 사례관리 활동을 지원하는 자원의 의미로 해석되고 조직운영체계 내에서 지원조직으로서의 기능이 기대된다. 이들 내부지원조직은 사례관리에 필요한 서비스 혹은 프로그램 요소로, 개입을 위한 구체적인 활동으로 나타나게 된다. 이러한 기능을 달성하기 위해 사례관리지침 개발을 통해 사례관리 담당자의 자격기준, 교육 및 수퍼비전 관련 기준, 내부적인 사례관리 과정 및 관련 부서의 협력방식 등이 종합적으로 제시되어야 하며, 이러한 내용이 조직의 운영체계 내에 통합되어야 한다.

즉, 월드비전 사례관리는 사업팀을 중심으로 사례관리 파트를 구성하며, 사업팀이 사례관리의 실제적 책임성을 갖는다. 이와 함께 프로그램 파트는 사례관리에 필요한 다양한 개입 프로그램의 개발 및 실행을 지원하는 형태의 내부 지원체계를 구성한다. 아울러 프로그램 파트와 유기적 협력체계를 구축하고 사례관리의 전문성을 강화하고 모니터링하기 위한 사례회의 및 수퍼비전을 지속적으로 실시한다.

(1) 내부 사례관리 파트 구성

내부 사례관리 파트의 구성은 복지관형과 FDC형으로 구분하여 각 구성인력의 기본 자격, 직책, 사례관리 수행범위, 최소 사례관리 분담기준, 사례관리 과정별 주요 직무, 사례관리와 관련한 직접서비스, 사례관리와 관련한 간접서비스를 구분하여 각각의 특성을 제시하면 다음과 같다.

① 기본 자격

기본 자격은 사례관리 담당자로 발령을 받기 위한 기본 조건이며, 발령 이전에 제시한 기본 자격을 가지고 있어야 하며, 부득이한 사유로 미충족 조건이 있지만 해당 업무를 담당하게 된 경우는 해당 조건이 충족될 때까지는 직무대행(예 사업팀장 직무대행 선임)으로 칭한다.

② 사례관리 수행범위

사례관리 수행범위란 다양한 사례관리 유형 중에서 주로 담당하게 되는 사례관리의 유형을 구분한 것이다. 물론 사례관리 담당자는 다양한 유형의 사례관리를 수행할 수 있는 전문성이 있어야 하며, 특정 유형만을 전담하도록 하는 것은 업무의 효율화를 도모하기 위한 방안으로서만 채택된다. 월드비전 사례관리의 주요 특성은 결연이라는 주요 서비스를 기반으로 사례관리가 이루어지며, 결연업무의 상당부분은 표준화된 업무 수행체계를 가짐으로써 특정 사례관리 담당자가 이러한 업무를 전담할 때 업무 효율성을 도모할 수 있다. 따라서 사례관리수행범위는 특히 결연업무를 근간으로 한 기본형 사례관리의 경우 "사례관리 담당자"의 전담업무로 하며, 기타 일반형과 통합형은 전체 사례관리 실무자의 공통업무로 구분한다.

③ 최소 사례분담 기준

사례관리를 효율화하고 질 관리를 강화하기 위해서 사례관리 담당자 1인당 전일근무시간을 기준으로, 담당할 수 있는 사례 수를 제한하도록 설정하는 것이 바람직하다. 즉, 사례관리의 주요 수행과정을 가장 원활히 수행할 수 있는 시간 투입이 가능한 수준으로 사례 수를 제한한다는 의미이다.

그러나 사례관리를 전담하는 조직구조가 아닌 경우는 불가피하게 기존의 사례를 중심으로 분담기준을 설정할 수밖에 없을 것이며, 월드비전의 주요 사업도 예외는 아니다. 따라서 사례관리참여자 전수를 사례관리 실무자들의 사례관리 이외의 업무를 고려하여 사례를 할당하는 형태의 분담기준을 선택할 수밖에 없다. 최소사례 분담기준은 이러한 상황을 고려한 사례분담방식이며, 사례관리 실무자별 주요 분담내용은 〈표 2-4〉와 같다.

④ 사례관리 과정별 주요 직무

사례관리 과정별 주요 직무는 등록상담에서 사례관리 유형 구분, 사정평가, 개입계획수립, 직 · 간접서비스제공, 점검 및 재사정, 평가 및 종결, 사후관리 등으로 구성되어 있다. 각각의 단계는 연속적이고 순환적인 과정으로, 가장 바람직한 형태는 등록상담에서 종결까지 동일한 사례관리 담당자를 통해 수행되는 것이다. 그러나 현실적으로는 이 장기간의 과정을 동일한 사례관리 담당자가 담당하기 어려운 구조이며, 실제로 등록상담에서 사례관리 참여자로 선정되는 과정에서 누락되는 사례도 많이 발생하게 된다.

따라서 등록상담과 사례관리의 주요 수행과정을 구분하여 역할분담을 하는 것이 바람직하다. 특히 사업팀장의 경우 직접서비스보다 행정지원 등의 간접서비스 분담이 많아 등록상담을 직접 수행하는 것은 비현실적이다. 따라서 사례관리 실무자 중 사업팀장은 등록상담을 수행하지 않고 실제적인 사례관리 과정만을 수행하도록 한다.

〈표 2-4〉 복지관 사례관리 실무자 직급별 자격기준 및 업무범위

구 분	사례관리실무자 직급별 특성		
	사례관리 담당자	선임사례관리 담당자	사업팀장
기본 자격기준	• 사회복지사 1급 • 사례관리 입문과정 교육 이수자	• 사회복지사 1급 • 사례관리실무 3년 이상 • 사례관리 심화과정 교육이수자	• 사회복지사 1급 • 사례관리실무 3년 이상 • 프로그램실무 3년 이상 • 사례관리 관리자과정 교육이수자
직책	• 팀원, 대리	• 대리, 과장	• 팀장
사례관리 수행범위	• 기본형 • 일반형 • 통합형	• 일반형 • 통합형	• 일반형 • 통합형
최소 사례분담기준 (350사례 내외기준)	• 기본형 125사례±α • 일반형 30사례 • 통합형 1사례	• 일반형 30사례 • 통합형 8사례	• 일반형 1사례 • 통합형 1사례
사례관리 과정별 주요 직무	• 등록상담 • 사례관리 유형 구분 • 사정평가 • 개입계획수립 • 직 · 간접서비스제공	• 등록상담 • 사례관리 유형 구분 • 사정평가 • 개입계획수립 • 직 · 간접서비스제공	• 사정평가 • 개입계획수립 • 직 · 간접서비스제공 • 점검 및 평가 • 종결

구 분	사례관리실무자 직급별 특성		
	사례관리 담당자	선임사례관리 담당자	사업팀장
사례관리 과정별 주요 직무	• 점검 및 평가 • 종결 • 사후관리	• 점검 및 평가 • 종결 • 사후관리	• 사후관리
* 관련업무 : 직접서비스	• 일반상담서비스 • 위기아동지원 서비스	• 일반상담서비스 • 위기아동지원 서비스	–
* 관련업무 : 간접서비스	• 자원연계/개발/옹호	• 자원연계/개발/옹호 • 외부지원체계구축 • 사례관리사업운영평가	• 자원연계/개발/옹호 • 외부운영체계구축 지원 • 수퍼비전

〈표 2-5〉 FDC 사례관리 실무자 직급별 자격기준 및 업무범위

구 분	사례관리실무자 직급별 특성		
	준사례관리 담당자	사례관리 담당자	선임사례관리 담당자(팀장)
기본 자격 기준	• 사회복지사 2급 이상 • 사례관리 입문과정 교육 이수자	• 사회복지사 1급 • 사례관리 입문과정 교육 이수자	• 사회복지사 1급 • 사례관리실무 3년 이상 • 사례관리 심화과정, 관리자과정 교육 이수자
직책	• 등록가정관리자	• 팀원, 대리	• 대리, 과장, 팀장
사례관리 수행범위	• 기본형	• 기본형 • 일반형 • 통합형	• 기본형 • 일반형 • 통합형
최소 사례분담 기준 (350사례 기준)	• 기본형 220사례±α	• 기본형 70사례 • 일반형 10사례 • 통합형 2사례	• 기본형 35사례 • 일반형 10사례 • 통합형 3사례

구 분	사례관리실무자 직급별 특성		
	준사례관리 담당자	사례관리 담당자	선임사례관리 담당자(팀장)
사례관리 과정별 주요 직무	• 등록상담 • 사례관리 유형 구분 • 사정평가 • 개입계획수립 • 직 · 간접서비스제공 • 점검 및 평가 • 종결 • 사후관리	• 등록상담 • 사례관리 유형 구분 • 사정평가 • 개입계획수립 • 직 · 간접서비스제공 • 점검 및 평가 • 종결 • 사후관리	• 등록상담 • 사례관리 유형 구분 • 사정평가 • 개입계획수립 • 직 · 간접서비스제공 • 점검 및 평가 • 종결 • 사후관리
관련업무 : 직접 서비스	• 일반상담서비스 • 위기아동지원서비스	• 일반상담서비스 • 위기아동지원서비스 • 기타 프로그램	• 일반상담서비스 • 위기아동지원서비스 • 기타 프로그램
관련업무 : 간접 서비스	–	• 자원연계/개발/옹호	• 자원연계/개발/옹호 • 외부지원체계구축 • 사례관리사업운영평가 • 수퍼비전

(2) 내부 사례회의

월드비전 사례관리는 기본적으로 사례관리 담당자의 전문성에 기초하여 자율적 판단에 의한 실천과정이다. 따라서 그 수행결과에 대해서도 일차적으로는 사례관리 담당자에게 책임을 두는 고도의 전문적 개입과정으로 정의한다. 그럼에도 불구하고 다양한 사례유형, 아동과 가족, 지역사회의 복합적인 상황 등을 고려할 때 아동과 그 가족의 삶에 긍정적 영향을 주기 위한 전문적 의사결정은 결코 쉬운 작업이 아니다. 따라서 어떤 형태로든 사례관리 담당자의 의사결정을 지원하기 위한 지원방안을 마련하는 것이 중요하다. 내 · 외부 지원체계의 주요 기능은 바로 사례관리 담당자 및 사례관리의 주요 과정을 지원 혹은 책임을 분담한다는 데 그 의미가 있다.

그 주요 방안의 하나인, 사례회의란 사례관리를 수행하는 전 과정에 대한 협의와 조정을 통해 사례관리의 효과성과 효율성을 극대화하기 위한 과정이다. 즉, 사례회의를 통해서 사례관리 담당자 개인의 역량이나 전문분야의 한계를 극복하고 최적의 개입방안과 서비스를 제공할 수 있는 가능성을 극대화하기 위한 수단이 된다. 따라서 사례회의는 투입가능한 시간을 공식적으로 확보하고 다양한 방법을 동원하여 적극적으로 활용하는 것이 바람직하다.

사례회의는 수행빈도를 중심으로 일일사례회의, 주간사례회의, 월간사례회의로 구분하여 시행하며 각각의 주요 기능, 참석범위, 주요 안건, 진행방법 등을 구분하여 제시하면 다음과 같다.

〈표 2-6〉 내부 사례회의의 유형별 특성

구 분	내부 사례회의 유형		
	일일 사례회의	주간 사례회의	월간 사례회의
목적	• 사례관리 참여자에게 발생한 응급상황이나 문제상황에 대한 긴급한 의사결정이 요청되는 사례지원, 사례리뷰를 통해 전체 사례에 대한 내부 정기점검을 통해 사례관리 업무점검 및 사례관리 활성화	• 해당 주간에 발생한 신규사례 선정의 적절성 및 개입방안에 대한 사례관리파트의 직 · 간접 지원 • 해당주간에 발생할 종결 사례에 대해 종결의 적절성 및 사후관리계획에 대한 사례관리파트의 직 · 간접 지원	• 사례관리 참여자 중 내부협력 및 조정이 필요한 사례에 대해 내부지원체계(사례관리파트와 프로그램파트 간)의 상호 직 · 간접 지원계획의 수립
운영 방안	• 응급 및 문제상황에 대한 사례관리 담당자의 보고 • 사례관리파트의 직 · 간접 지원방안모색 • 전체사례관리 참여자에 대한 순서할당	• 해당 사례의 사례관리 담당자가 사례의 개요에 대한 리뷰 • 이를 토대로 다음의 내용을 주로 검토하며 필요한 내용에 대한 사례관리파트의 직 · 간접지원방안을 모색함	• 사례관리파트 혹은 프로그램파트 모두의 요청으로 안건이 상정될 수 있음 • 월간사례회의 상정 사례는 내부 협력 및 조정이 필요한 사례임

<table>
<tr><th rowspan="2">구 분</th><th colspan="3">내부 사례회의 유형</th></tr>
<tr><th>일일 사례회의</th><th>주간 사례회의</th><th>월간 사례회의</th></tr>
<tr><td>운영 방안</td><td>• 할당된 순서에 따라 3개월 주기로 1회 이상 내부점검이 가능하도록 일일 사례회의 시 리뷰할 사례의 수를 결정함(예, 총 360사례에 대해 월 20회 일일 사례회의가 이루어질 경우 1회당 15사례씩 리뷰함)
• 일일 사례회의를 통해 리뷰할 해당 사례의 사례관리 담당자가 사례의 주요 변화 및 변동 사항보고
• 이에 대한 사례관리파트의 지도
• 사례관리 담당자의 추후 계획 확정함</td><td>• 사례관리 참여자와 생태적 환경에 대한 자료수집 결과 검토
• 사례관리 참여자의 욕구 및 강점을 사정
• 사례관리 참여자에 대한 개입방안 협의
• 개별화된, 포괄적 서비스를 설계 및 개발
• 사례관리 참여자에 대한 개입상황 및 아동, 가족, 지역사회의 변화를 점검
• 사례관리 참여자에 대한 평가와 종결 여부 결정
• 사례관리와 관련한 행정적인 사항을 점검</td><td>• 기타 특정 사례관리 참여자에 대한 안건은 아니더라도 내부협력 및 조정이 필요한 사안을 회의주제로 선정함
• 안건을 상정한 담당자의 사례리뷰 혹은 사안에 대한 요약보고
• 보고된 내용에 대한 논의
• 각각의 직 · 간접 지원계획수립 및 주요 서비스 절차 및 지침의 수정
• 기타 행정사항에 대한 논의</td></tr>
<tr><td>필수 참석 범위</td><td>• 사례관리파트</td><td>• 사례관리파트</td><td>• 사례관리파트
• 프로그램파트
• 기관장
• 팀장이 담당</td></tr>
<tr><td>운영 주기</td><td>• 업무시작 시간을 활용하여 가능한 매일 시행하는 것이 바람직하나 기관상황에 따라 최소 주 3회 이상 실시할 것을 권장함
• 1회 1시간 이내</td><td>• 매주1회 시행하는 것이 바람직하나 기관상황에 따라 월 2회 이상 실시할 것을 권장함
• 1회 1시간 내외</td><td>• 월 1회 정기적으로 실시
• 1회 2시간 이내</td></tr>
</table>

구 분	내부 사례회의 유형		
	일일 사례회의	주간 사례회의	월간 사례회의
준비사항	• 업무효율화를 위해 일일 사례회의는 가능한 한 사례회의 자체를 위한 준비물을 만들지 않는 것이 바람직하며, 각 사례관리 담당자의 기본 기록내용을 토대로 논의하는 것 자체에 초점을 두고 운영함 • 주요 회의 결정사항만을 일일 사례회의 일지 등을 통해 간략히 기록을 남기고, 사업팀장은 이를 수퍼비전이나 업무점검에 활용함	• 현 단계까지 기록한 관련기록을 활용함 • 사례관리과정 기록지에 대한 내용분석을 통해 주요 항목에 대한 합계 자료를 활용함 • 사례회의를 위한 추가 서류작업을 하지 않는 것이 바람직하며, 회의 결과 중심의 기록관리를 수행함	• 주요 안건이 요약 기록된 회의자료 준비 • 특정 사례관리 참여자와 관련한 사안인 경우 등록아동 종합정보 기록지와 사례관리 과정기록지 분석결과를 회의자료로 활용함 • 다른 사례회의와 마찬가지로 사례회의를 위한 추가 서류작업을 최소화하며, 회의 결과중심의 기록관리를 수행함
비고	FDC의 경우는 일일 사례회의와 주간 사례회의를 통합하여 진행할 수 있고 이 경우 주 1회 2시간 이상 진행할 수 있도록 한다.		

(3) 수퍼비전

① 수퍼비전 체계 구축

수퍼비전은 사회복지서비스 질 향상, 사례관리 참여자의 문제해결 지원, 수퍼바이지의 전문적 성장을 위한 인적자원개발 방법의 하나이다. 다양한 사회복지 실천영역에서 수퍼비전이 강조되고 있으나, 수퍼비전의 방식이나 강도 등은 사례관리 담당자의 전문성을 어느 수준으로 강조할 것인지, 직접적 서비스의 비중이나 중요도에 따라 수행방법은 차이를 보일 수밖에 없다. 특히 사례관리 담당자에게 전문성에 기반을 둔 권한과 자율성이 요구될수록 높은 수준의 지속적인 수퍼비전이 필요하다.

월드비전 사례관리 역시 사례관리 담당자의 전문성과 자율적 권한을 강조함으로써 지속발전 가능한 수퍼비전 체계 구축을 요구한다. 즉, 수퍼비전의 중요성이 강조되는 만큼 효율적인 수퍼비전 체계가 구축되기 위한 조직차원에서의 운영기반을 마련하기 위한 노력이 필요하다. 우선적으로 수퍼비전에 대한 기관장의 이해와 적극적 관심이 표명되지 않는다면 수퍼비전은 대개의 경우 "중요하지만 업무시간 내에 실천하기에는 부담스러운", "직무 이외의 과업"으로 인식되기 쉽다. 이를 해결하기 위해서는 수퍼비전에 대한 조직의 명문화된 규정과 절차를 마련할 필요가 있다(인천시, 2009).

또한 인적자원개발이라는 측면에서 수퍼비전 체계와 조직의 인사관리체계와의 연동방안을 마련하고 인사관리체계 내에서 실행되어야 한다. 즉, 수퍼바이저와 수퍼바이지의 자격조건, 수퍼비전의 목표수립, 수퍼비전의 빈도 및 기간, 수퍼비전을 통해 다루어야 할 주요 내용 및 방법 등에 대한 내용이 잘 설계되어야 한다. 이러한 설계에 따라 수행된 결과는 기록을 통해 관리되어야 하며, 이에 대한 평가 등이 인사관리체계 내에서 이루어져야 한다. 아울러 수퍼비전은 수퍼바이저와 수퍼바이지 간의 상호작용뿐만 아니라 조직의 전반적 지원이 필요한 과정이므로 조직 내부의 수퍼비전에 대한 협력적 분위기를 조성하는 것 등이 요구된다.

② 수퍼바이저의 역할

수퍼바이저의 업무에서 수퍼비전이 차지하는 비중에 따라 차이는 있겠지만 그 효과성을 위해 수퍼바이저 1인당 최대 3인 이하의 수퍼바이지를 배정하는 것이 바람직하다. 수퍼바이저는 수퍼바이지의 수퍼비전에 대한 욕구 및 직무역량, 개인적 학습성향 및 개인적 비전 등에 대한 정보수집 및 이에 대한 이해를 기반으로 수퍼비전 계획을 일정 주기별로 수립하여야 한다. 아울러 이러한 수퍼비전 계획이 실행될 수 있는 다양한 구조(개별수퍼비전, 집단수퍼비전, 교육이나 사례회의의 활용 등)를 마련하는 등 구체적인 수퍼비전 설계에 대한 일차적인 책임을 갖는다. 이를 위해 수퍼바이저 역시 자기개발이 필요하며, 특히 수퍼비전 및 사례관리 관련 업무지식 습득을 위해 노력해야 한다.

이러한 준비를 토대로 수퍼바이저는 사례 및 프로그램에 대한 피드백을 제공할 뿐 아니라 사례관리 담당자인 수퍼바이지의 업무 스트레스 관리 및 직무능력을 제고하기 위한 지지나 격려도 필요하다. 아울러 이를 위해 업무조정이나 직무재배치 등 행정적인 옹호도 중요한 방법으로 적극 활용하도록 한다.

③ 수퍼비전의 방법 및 내용

수퍼비전의 내용은 사례관리 참여자의 욕구 및 관심사에 대한 사정평가, 개입방법에 대한 사례중심의 자문 및 수퍼비전의 제공, 윤리적 딜레마, 사례관리 참여자의 욕구와 대립되는 기관 목적 등으로 인해 겪는 어려움에 대한 지원 등을 포함한다. 이 밖에 수퍼바이지의 담당직무와 욕구를 토대로 수퍼비전의 내용은 구성되며, 대체로 일반주의 실천지식과 기술향상에 초점을 둔다.

④ 사례관리파트 수퍼비전체계

이러한 과정의 기초 작업으로써, 본 사례관리매뉴얼에서는 사례관리 담당자를 중심으로 하는 수퍼비전 체계를 제시하고자 하며, 그 주요 내용은 다음과 같다. 즉, 월드비전 사례관리 파트를 위한 수퍼비전 체계는 수퍼바이저의 소재 및 수행방법에 따라 내부수퍼비전, 위촉수퍼비전, 권역별 수퍼비전으로 구분하며 각각의 유형별 정의, 기능, 수퍼바이저 자격, 대상, 개최주기, 주요 수행방안 등을 설명하면 다음과 같다.

〈표 2-7〉 수퍼비전 유형별 주요 특성

	내부 수퍼비전	위촉 수퍼비전	권역별 수퍼비전
정의	• 내부 수퍼비전이란 사업팀 내에서 수퍼바이저를 선임하여 사례관리 담당자인, 수퍼바이지의 직무능력향상을 지원하기 위해 구조화, 체계화, 공식화된 과정을 의미함	• 위촉 수퍼비전이란 사업팀의 사례관리 담당자들을 위해 내부 수퍼비전 체계를 마련하기 어렵거나 내부 수퍼비전을 보완하기 위해 수퍼바이저를 기관 외부의 전문가를 위촉하여 사례관리파트의 서비스 질 향상을 지원하기 위한 구조화, 체계화, 공식화된 과정을 의미함	• 권역별 수퍼비전이란 사례관리 조기정착을 지원하기 위해 한시적으로 월드비전 산하조직을 4개 권역으로 구분하여 실시함
기능	• 일차적으로 사례관리업무에 대한 관리 및 지원 기능이 강조되므로 수퍼비전의 주요 기능 중 행정적 수퍼비전의 기능을 강조함	• 위촉 수퍼비전은 내부수퍼비전을 통한 사례관리 업무의 행정적 지원만으로는 부족한 전문성 향상을 지원하는 것에 초점을 두고 진행하므로 수퍼비전의 주요 기능 중 교육적 수퍼비전의 기능을 강조함	• 권역별 수퍼비전은 사례관리 담당자의 직무능력을 향상하기 위한 방법으로 기관별 사례관리 역량을 공유하기 위한 동료 수퍼비전으로서의 특성을 가짐 • 타 기관 동료 사례관리 담당자들과의 역량을 공유하며 지원함으로써, 사례관리의 질 향상뿐만 아니라 수퍼비전 역량 강화 효과도 기대할 수 있음 • 따라서 수퍼비전의 주요 기능 중 지지적 수퍼비전의 기능을 강조함 • 아울러 사업의 표준화를 위해 사업지원단의 위촉 수퍼바이저를 통한 교육적 수퍼비전을 병행함
수퍼바이저 직책	• 사업팀장	• 위촉 수퍼바이저	• 동료 사례관리 담당자 • 사업지원단의 위촉 수퍼바이저

	내부 수퍼비전	위촉 수퍼비전	권역별 수퍼비전
수퍼바이저 자격	-	• 사회복지 분야의 석 · 박사일 경우, 직접 서비스나 사례관리에서 최소 2년 이상의 경력자 • 사회복지분야의 학사일 경우, 직접 서비스나 사례관리에서 최소 4년 이상의 경력자 • 추가적으로 관련협회나 단체에서 인정하는 사례관리 및 수퍼비전 관련 자격과정 이수자 등을 고려하여 기관의 수퍼바이저를 위촉함	-
대상	• 사례관리 담당자 • 준사례관리 담당자	사례관리 담당자 준사례관리 담당자	• 사례관리 담당자
주기	• 월 1회 이상	• 연 2회 이상	• 연 2회 이상
운영 방법	• 주간 사례회의시간을 활용하거나 별도의 수퍼비전 시간을 구성하여 수퍼비전을 실시함 • 그러나 사례회의와 수퍼비전의 운영목적을 분명하게 구분하여 각각의 목적에 적합한 방식으로 시간 구분을 하는 것이 바람직함	• 별도의 수퍼비전 시간을 계획하여 실시함	• 별도의 권역별 수퍼비전 계획을 수립하며, 권역별 순환 개최를 통해 운영책임을 분담함
비고		• 사업장의 필요 여부에 따라 실행 여부 결정할 수 있음	

(4) 사례관리 환경조성

사례관리를 수행하기 위한 내부 운영체계구축의 마지막 요소는 사례관리를 수행할 수 있는 현실적 기반을 마련하는 것이다. 즉, 사례관리파트의 직무기준이 결정되고 사례관리의 질 향상을 위한 내부 사례회의나 수퍼비전이 실시된다고 하더라도 이러한 요소들이 각각 분절적으로 운영되는 것이 아니라 통합적으로 운영될 수 있는 환경을 조정하는 것이 그것이다. 사례관리를 위한 환경조성은 특별히 기관장을 중심으로 조직운영 체계 내에서 사례관리가 통합적으로 운영될 수 있도록 하는 구체적인 지원과 주요 운영체계 구성의 적절성, 운영에 대한 지속적인 모니터링을 필요로 한다.

구체적인 모니터링 내용은 전체 사례관리 참여자의 수가 사례관리 담당자의 투입인력에 비교해 봤을 때 적절한 규모인지, 사례관리 담당인력이 맡고 있는 업무의 주요 내용들이 사례관리업무를 효율적으로 수행하는데 적절한 것인지, 혹은 사례관리의 비효율화를 초래하는 것인지에 대한 지속적인 점검이 필요하다. 또한 사례관리는 그 특성상 적극적인 가정방문이나 지역사회방문 등 아웃리치를 통한 접근이 강조되고 있다. 그런데 이러한 방식이 조직의 주요 업무방식 및 조직문화와의 괴리는 없는지, 조직의 기존업무 수행방식이 사례관리를 수행하기 위한 다양한 접근에 대한 장애물이 되는 것은 아닌지에 지속적 점검이 필요하다.

아울러 점검으로 그치는 것이 아닌 그 결과를 조직행정의 개선을 위한 적극적인 대안으로 활용해야 한다. 즉, 사례관리의 주요 실천원칙들이 원활히 수행될 수 있도록 융통성 있는 근무시간과 장소, 사례관리 담당자의 독립성과 자율적인 업무수행을 극대화 할 수 있는 행정지원 및 기존 행정체계의 개선 등을 필요로 한다.

한편 사례관리는 복합적이고 만성적인 욕구를 가진 아동과 그 가족의 삶의 질을 향상시키고 지역사회 내에서의 안정적 삶으로의 회복을 돕는다는 과업이 핵심이며, 이에 따른 책임을 지속적으로 감내할 수 있도록 하기 위해서는 사례관리 실무자의 업무 스트레스의 확인 및 이를 완화하기 위한 다양한 지원이 필요하다. 아울러 아동과 그 가족을 위해 끊임없이 창의적, 도전적 실천을 가능케 하는 직무능력을 함양하기 위한 방안 역시 다양하게 모색해야 할 것이다.

2) 외부운영체계

지역사회자원은 사례관리 참여자의 욕구충족에 필요한 기관 외부의 서비스라 할 수 있다. 이는 사례관리 참여자의 욕구 유형에 따라 아직 연계가 이루어지지 않은 잠재적 자원에서부터 실제적인 서비스가 이미 이루어지고 있는 자원에 이르기까지 다양하다. 이미 서비스제공이 이루어지는 경우라 할지라도 기관별로 분절적으로 서비스가 이루어지고 있어서 자원제공의 역기능적 결과물로 인해 조정이 필요한 경우도 있다.

따라서 사례관리의 효율적 운영을 위해서는 사례관리 참여자의 욕구에 대응하기 위한 자원의 포괄성과 충분성이 보장되기 위한 다양한 유형의 지역사회자원의 개발과 유기적인 협력체계를 구축하기 위한 노력이 요구된다. 이를 위해 사례관리 담당자는 앞에서 언급한 구성요소를 효과적이고 체계적인 방법으로 연계하는 역할을 수행한다. 즉, 지역사회의 여러 서비스 공급주체에 의한 사회자원을 사례관리 참여자가 활용하여 욕구를 충족해갈 수 있도록 촉진하고, 조정하고, 연결시켜 나감으로써 사례관리 참여자 자신의 능력을 향상시키고 서비스 공급주체들의 능력 또한 발전시키는 것이 사례관리 담당자의 역할이다.

이는 월드비전 사례관리의 주요 목표 중 하나인 상호의존적 지역사회 역량강화 및 사회제도와 구조의 변화를 달성하기 위한 주요한 접근방법이기도 하다.

당연히 제도화된 조정기제가 마련된 운영체계는 효율적인 서비스 전달을 가능케 하지만 제도화된 기반 없이 지역사회의 합의와 사례관리 담당자의 개인적인 조정역량에 의존한 모델은 지속성이나 효율적 운영에 제한을 받게 될 것이다. 반면 제도화된 서비스의 통합성으로 기대할 수 없는 부분에서는 지역사회의 통합적 서비스 제공 및 조정역량의 개발이 기대될 것이다. 따라서 외부운영체계는 제도적 통합성 및 기능적 통합성이라는 두 차원이 모두 강조될 필요가 있다.

이를 위해 월드비전 사례관리모델에서는 사례관리를 효과적으로 수행 및 지원하기 위해 외부 운영체계로서 통합사례관리회의의 운영 및 솔루션위원회의의 운영을 제안한다. 즉, 통합사례관리파트는 사례관리참여자의 욕구와 직접적으로 관련된 서비스제공기관 간의 유기적 협력을 위한 기능적 통합성을 확보하기 위한 운영체계이다. 솔루션위원회는 사례관리참여자의 욕구충족을 위한 직접적 서비스제공기관은 아니지만 관련한 간접적 지원체계이자 제도개선에 초점을 둔 제도적 통합성을 확보하기 위한 운영체계이다.

각각의 주요 기능 및 구성방안, 운영주기 및 운영방안에 대한 세부내용은 다음과 같다.

(1) 외부 운영체계의 유형

① 통합사례관리팀

통합사례관리팀은 사례관리참여자의 주요 욕구와 관련된 서비스제공자집단으로만 구성되어 서비스제공의 효율화 도모, 기능적 통합성에 초점을 둔다. 이들은 통합사례회의를 통해 사례에 대한 사정평가, 서비스제공내용 및 방식의 결정 등에 참여하며, 실제적인 서비스 제공 및 모니터링의 대상이 될 수 있다. 따라서 사례관리 담당자는 사례관리참여자들의 주요 서비스 욕구와 관련한 자원체계와의 협력을 공고히 할 수 있는 체계를 개발하고 안정적으로 기능할 수 있는 전략을 마련해야 한다.

통합사례관리팀 구성에 대한 제도화된 기반이 없는 대개의 경우, 협약을 통해 협력적 관계를 공식화하기 위한 시도를 한다. 따라서 이러한 작업은 기존의 해당 지역사회복지 전달체계의 통합수준에 영향을 받을 수밖에 없으며, 지역사회단위의 제도화된 혹은 합의에 기반한 서비스 조정기능이 요구된다.

② 솔루션위원회

솔루션위원회는 통합사례관리팀이 운영하는 통합사례회의를 통해 해결하지 못하는 문제나 실무적 협력이 아닌 지역사회단위의 정책이나 조직 간 서비스전달체계의 조정 및 변화를 도모하기 위한 운영체계이다. 따라서 솔루션위원회는 주요 구성단위가 각 조직의 기관장으로 구성되며, 특정 사례에 대한 서비스방법에 대한 논의 및 조정을 넘어선, 유사한 사례에도 적용할 수 있는 서비스제공 조직들의 서비스정책에 대한 변화를 도모하기 위한 체계라 할 수 있다. 즉, 솔루션위원회는 서비스제공 조직 간의 기능적 통합성을 넘어선, 제도적 통합성을 도모하기 위한 운영체계라 할 수 있다.

(2) 외부운영체계의 주요 특성 및 운영방안

통합사례관리팀과 솔루션위원회로 대표되는 외부운영체계의 주요 특성을 기능별, 구성범위, 회의운영주기 등을 중심으로 구분하면 다음의 표와 같다.

〈표 2-8〉 외부운영체계의 주요 특성 및 운영방안

구 분	통합사례관리팀	솔루션위원회
주요 기능	• 사례관리 참여자에 대한 정보공유, 각 기관의 자원공유, 협의, 조정 • 다양한 전문가집단, 다양한 기관 특성에 따른 다각적 접근방식을 통해 보다 창의적이고, 효과적 개입방법을 모색함	• 통합사례관리회의를 통한 실무적 협의 및 조정을 통해서는 근본적인 문제해결이 어렵거나 실제적으로 자원을 확보하기 어려운 사안을 중심으로 지역내 주요 서비스 제공 조직의 좀 더 책임 있는 인력(기관장, 관련전문가)들이 조직의 서비스정책 및 전달체계에 대한 조정 및 개선을 위한 실제적인 방안을 모색함

구 분	통합사례관리팀	솔루션위원회
구성	• 기관의 내부사례관리파트와 사례관리 참여자가 현재 이용하고 있거나 사례관리를 통해 이용할 가능성이 있는 잠재적 자원제공기관들의 실무자들로 구성함. 즉, 가능한 한 서비스제공기관 중심, 실제적 서비스제공 담당자 중심으로 구성함 • 사례관리 기관장이 통합사례관리회의의 주요 기능, 책임, 구체적인 협력내용들이 포함된 협약을 체결함으로써 그 구성을 공식화, 구조화함 • 지역복지협의체의 통합사례관리 분과 등이 통합사례관리회의의 기능과 가장 유사함. 따라서 지역의 통합사례관리분과가 활성화되고 있거나 활용가능성이 있다면 이를 활용하는 것이 바람직함	• 주요 서비스제공기관의 대표자, 사례관리참여자의 주요 욕구와 관련한 전문가, 자치단체장 등으로 구성함 • 자치단체장이 솔루션위원들의 주요 기능, 책임, 구체적인 협력내용들이 포함된 위촉을 함으로써, 위원회 구성을 공식화, 구조화함 • 지역복지협의체의 대표협의체가 솔루션위원회의 성격과 가장 유사함. 따라서 지역의 대표협의체 활용가능성이 높다면 이를 활용하는 것이 바람직함
운영주기	• 연 6회(필요 시 소집가능)	• 연 2회(필요 시 소집가능)
운영방안	• 사례중심의 상정 • 사례관리의 결과보고	• 특정 사례중심이 아닌, 지역사회 내 서비스정책 및 전달체계 개선을 위한 특정 이슈중심의 상정 • 이를 통해 개선된 내용 및 지역복지계획에의 반영안 마련

3. 사례관리 지원체계

사례관리 지원체계는 사례관리의 원활한 수행 및 안정화, 질 향상을 위해 내 · 외적 운영체계에 대한 직 · 간접적 지원기능을 수행하는 사업지원단의 운영, 직원교육훈련체계를 그 구성요소로 한다.

1) 사업지원단운영

사례관리의 지속발전가능성을 높이기 위해서는 지역 사업장을 중심으로 하는 내 · 외부 운영체계뿐만 아니라 이를 효과적으로 지원하기 위한 월드비전 전체 조직 내 통합성을 필요로 하기 때문에 월드비전 사례관리 사업지원단을 운영한다. 사업지원단의 운영주체는 국내사업 본부이며, 5인 내외의 위촉 전문위원으로 구성된다. 사업지원단의 기능은 월드비전 사례관리사업과 관련한 정책을 기획하고, 사례관리사업 체계화 방안을 마련하며, 그 주요 내용이 지역 사업장에 효과적으로 전달되어 활용될 수 있도록 하는 교육 및 자문기능을 수행한다. 아울러 지속적인 사례관리사업 모니터링 및 평가를 통해 사례관리사업의 주요 정책을 개선하고 보완하여 사례관리사업의 발전 및 안정화를 도모한다. 사업지원단 운영의 세부적인 내용은 다음 표와 같다.

〈표 2-9〉 월드비전 사례관리 사업지원단의 기능

기 능	월드비전 사례관리사업 지원단
정 의	• 사례관리 사업지원단은 월드비전 사례관리사업의 지속발전가능성을 높이기 위한 정책개발 및 평가, 교육 및 자문기능을 수행하기 위한 지원사업조직임
구성	• 사례관리 사업지원단은 국내사업본부의 본부장, 사업팀장, 사업팀원과 5인 내외의 위촉전문위원으로 구성함 • 위촉전문위원은 사례관리 영역의 학문적, 실천적 전문역량을 갖춘 외부의 전문가로 위촉하며, 국내사업본부와의 긴밀한 협력체계를 구축하여 운영함
주요 사업	• 사례관리 사업지원단의 기능은 정책개발 및 평가, 교육 및 자문 기능을 수행하며, 이를 수행하기 위한 주요 사업으로 사례관리 매뉴얼 개발 및 업데이트, 사례관리 전산정보관리체계구축 및 운영, 사례관리 담당자 양성 교육체계개발 및 운영, 사례관리 사업 모니터링 및 평가 등의 사업을 수행함
운영방안	• 전문위원 위촉 주기는 2년으로 하며, 정규 운영회의를 격월로 개최함. 지역 모니터링 및 평가를 지원하기 위해서는 TFT를 구성하여 적극적으로 활동함

4. 직원교육훈련체계

사례관리 담당자에게 고도의 전문성과 자율성을 기대하기 위해서는 사례관리 담당자를 양성하고 이들의 역량을 지속적으로 향상시키기 위한 체계화된 교육훈련체계가 필요하다. 직원교육훈련체계는 교육과정과 자기학습과정으로 구분하며, 각각은 공통과정, 입문과정, 심화과정, 관리자과정으로 구분하여 진행한다. 각 과정별 교육목표, 교육대상, 교육형태, 교육일정, 교육방법 및 평가방법을 중심으로 구분하면 다음과 같다.

1) 교육과정

〈표 2-10〉 사례관리 인력의 교육과정

구 분	입문과정	심화과정	관리자과정
교육목표	• 사례관리의 기본 절차를 익히고 주요 양식을 적절하게 활용하며, 기록관리할 수 있는 능력을 배양함	• 사례관리의 핵심 과정인 사정평가 역량을 강화하며, 실효성 있는 개입 계획수립 등 사례관리의 전문성 강화 및 역량강화를 도모함	• 사례관리 사업의 기획 및 모니터링 및 평가역량을 강화하여 사례관리사업의 질 관리 역량을 강화함
교육대상	• 준 · 사례관리 담당자 사례관리 담당자 중 사례관리 초임자	• 입문과정을 수료한 사례관리 담당자	• 입문과정과 심화과정을 수료한 사업팀장
교육시간	• 30시간	• 30시간	• 20시간
교육형태	• 3박 4일 합숙교육	• 3박 4일 합숙교육	• 2박 3일 합숙교육
교육일정	• 매년 2월	• 매년 4월	• 매년 6월
교육방법	• 강의 80% • 워크숍 20%	• 강의 50% • 워크숍 50%	• 강의 30% • 워크숍 70%

평가방법	• 단답형 문제로 구성하며 평가의 기준은 P/F로 하며 F시 입문과정을 재수강함	• 서술형 문제로 구성하며 평가의 기준은 P/F로 하며 F시 심화과정을 재수강함	• 사례시뮬레이션 과제로 평가하며, 평가의 기준은 P/F로 하며 F시 관리자과정을 재수강함
1차년도 규모추정	• 3명*24개 사업장=72명 +α	• 1명*24개 사업장=24명 +α	• 1명*24개 사업장=24명 +α
2차년도 이후 규모추정	• 1명*24개 사업장=24명 +α	• 1명*24개 사업장=24명 +α	• 1명*24개 사업장=24명 +α
주관	• 국내사업팀	• 국내사업팀	• 국내사업팀

2) 학습내용

〈표 2-11〉 필요역량별 학습방법 및 내용

역 량	필요한 지식/기술	과정 구분	교육시간/학습방법/자료
빈곤 및 다문화에 대한 민감성 향상 및 개입 역량 강화	• 빈곤에 대한 이해, 빈곤에 대한 관점 확인하기 • (빈곤)가족의 삶, 대처방법, 의사소통방법, 양육방법에 대한 이해하기 • (빈곤)가족의 사회적 관계망, 관계 유지방법 이해하기 • (빈곤)가족의 일, 직업관과 관련한 고유한 가치 이해하기 • 다문화적 민감성 키우기	자기 학습	• 〈가족과 레질리언스, 2002〉 • 〈한부모 어머니들의 취업과 복지, 2007〉 • 〈워킹 푸어: 빈곤의 경계에서 말하다, 2009〉 • 〈문화적 다양성과 사회복지, 2009〉
면접 및 사정평가 역량강화	• 사례관리 참여자와 라포 형성하기 • 인터뷰의 핵심 요소 확인하기 • 강점 및 자원 사정하기 • 가정폭력(학대), 방임, 약물남용, (정신)건강과 관련된 이슈와 같은 위험요인에 대한 사정하기	자기 학습	• 〈사회복지면접의 길잡이, 2000〉 • 〈사회복지상담심리학, 2006〉 • 〈사회복지상담, 2009〉

역 량	필요한 지식/기술	과정 구분	교육시간/학습방법/자료
월드비전 사례관리의 이해	• 사례관리의 가치, 원칙, 모델의 이해 • 월드비전 사례관리운영체계의 이해 • 아동권리에 대한 이해 • 빈곤가정에 대한 이해 • 건강한 가정에 대한 이해	입문과정	• 입문교육 과정 중 10시간 • 월드비전 사례관리 매뉴얼
사례관리를 위한 관계 형성 및 개인에 대한 개입역량 강화	• 사례관리 참여자 참여시키기 • 변화를 촉진하기 위한 동기화 활용하기 • 사례관리 참여자의 행동변화를 위한 효과적 활동구성하기 • 위기상황 다루기 • 문화적 민감성 유지하기	입문과정	• 입문교육 과정 중 5시간, 이 중 10%를 평가시간으로 활용함 • 월드비전 사례관리 매뉴얼 • 별도의 강의 자료
사례관리 주요 과정의 이해 및 직접적 실천 역량강화	• 의도적 개입, 계약관계로서의 전문가적 경계 이해하기 • 사례관리 주기 지키기 • 사례관리에서 강점중심의 접근의 활용 • 사례관리 참여자 요구로부터 욕구도출 및 변화목표 수립하기 • 저항 줄이기 • 사례관리 참여자의 경험과 관련된 강점과 자원에 대한 이해 • 효과적인 의뢰관계의 수립 • 변화역량강화 및 장애극복을 위한 사례관리 참여자의 책임감 키우기 • 사례관리 진행과정 모니터링 방법 및 효과적 종결 준비하기	입문과정	• 입문과정 중 12시간, 이 중 10%를 평가 시간으로 활용함 • 월드비전 사례관리 매뉴얼 • 별도의 강의 자료

역 량	필요한 지식/기술	과정 구분	교육시간/학습방법/자료
기록 및 정보관리 역량강화	• 기초 : 문법, 철자, 구두점, 대문자사용 • 효과적인 기록 방법의 이해 및 적용 • 전략과 과업의 연결 • 주요 기록의 작성 및 정보관리 방법의 이해 및 활용 • 서비스 전달과정에 대한 기록 • 투입 노력의 문서화 능력 키우기	입문 과정	• 입문과정 중 3시간, 이 중 10%를 평가 시간으로 활용함 • 월드비전 사례관리 매뉴얼 • 별도의 강의 자료
거시체계와 실천과의 통합역량강화	• 복지정책 동향에 대한 이해 • 실천에 대한 가치와 믿음의 영향 이해하기 • 지역복지 수준 및 임상실천 수준에서의 사례관리의 기능과 목적 이해하기 • 네트워크의 중요성 및 네트워킹 방법훈련하기 • 지역복지 향상방안으로서의 사례관리 사업 평가하기	심화 과정	• 심화교육 과정 중 12시간, 이 중 10%를 평가 시간으로 활용함 • 월드비전 사례관리 매뉴얼 • 별도의 강의 자료
현장중심 및 위기개입 역량강화	• 아동과 가정 환경을 포괄적으로 이해할 수 있는, 생태체계적 사정 실행하기 • 강점에 기초하고, 가족에 초점을 둔 접근 유지하기 • 안전한 환경조성, 안전성 유지전략 개발하기 • 언어적, 신체적 측면의 고조, 위기 상황의 변화 등 위기사정하기 • 잠재적인 폭력상황을 다루는 기술, 신뢰관계 구축 및 의사소통 촉진하기 • 자기 보호와 스트레스 관리하기	심화 과정	• 심화교육 과정 중 12시간, 이 중 10%를 평가 시간으로 활용함 • 월드비전 사례관리 매뉴얼 • 별도의 강의 자료

역 량	필요한 지식/기술	과정 구분	교육시간/학습방법/자료
장애물 다루기 및 사회변화 역량강화	• 아동과 가족에 대한 지역사회의 편견 및 스티그마 확인하기 • 아동과 가족이 내적 자원이나 지역사회 자원 활용의 장애물 사정하기 • 아동과 가족의 자원에의 접근을 강화하기 위한 전략 개발하기 • 지역사회의 상호의존적 변화역량 평가하기 • 지역사회의 상호의존적 변화가능성 확대하기 • 사회변화를 위한 주요 방법 이해 및 적용하기 • 옹호전략 개발하기	심화 과정	• 심화교육 과정 중 6시간, 이 중 10%를 평가 시간으로 활용함 • 월드비전 사례관리 매뉴얼 • 별도의 강의 자료
사례관리 업무관리 및 조직화 역량	• 조직 내 사례관리사업의 운영체계 구체화하기 • 사례관리 업무를 조직화하고 사업의 우선순위 설정하기 • 사례관리 담당자들의 효과적 업무관리를 위한 전략 개발하기 • 수퍼비전 설계 및 수퍼비전 역량 강화하기	관리자 과정	• 관리자 교육 과정 중 10시간, 이 중 10%를 평가 시간으로 활용함 • 월드비전 사례관리 매뉴얼 • 별도의 강의 자료
사례관리 사업개발 및 질관리 역량강화	• 지역현황 및 조직현황(SWAT분석)에 따른 사례관리 사업의 발전방안 모색하기 • 사례관리 담당자 수퍼비전 계획수립 및 효율적 운영방안 마련하기 • 사례회의의 효율화 방안 마련하기 • 사례회의의 주요 결과를 사업으로 반영하기 • 효과적인 업무관리를 방해하는 장애물을 제거하기 • 사례관리 사업 평가하기	관리자 과정	• 관리자 교육 과정 중 10시간, 이 중 10%를 평가 시간으로 활용함 • 월드비전 사례관리 매뉴얼 • 별도의 강의 자료

5. 정보관리체계

사례관리는 아동과 가족, 다양한 서비스 제공 주체들과의 협력적 노력을 기반으로 이루어지는 다차원적이고 지속적인 과정이다. 따라서 주요 정보를 효과적으로 수집하고 이를 효율적으로 활용하기 위한 정보관리체계를 잘 마련하는 것은 사례관리의 효과성을 담보하기 위한 전제조건이 된다. 즉, 수집된 정보가 정확하고 풍부해야 사례관리 참여자를 정확하게 사정할 수 있으며, 사정내용이 정확해야 개입계획이나 내용이 적절할 수 있기 때문이다. 사례관리 참여자에 대한 자료출처는 사례관리 참여자와 그의 가족, 공공부문, 사례관리 참여자 관련 기관이나 시설, 사례관리 참여자를 둘러싸고 있는 주요 정보제공자 등이 있다. 사례관리 담당자는 이와 같은 다양한 정보원을 통해서 신뢰할 수 있는 정보를 풍부하게 수집해야 한다.

그러나 사례관리 참여자가 직접 제공하는 정보의 경우 너무 사례관리 참여자의 입장에 치우치거나 사실 여부에 대한 판단의 문제가 나타날 수 있으며, 다른 정보원을 통해 제공되는 정보의 경우, 사례관리 담당자로 하여금 사례관리 참여자에 대한 선입견을 형성하게 할 수 있으며, 사례관리 참여자와의 관계형성에 부정적인 영향을 미칠 수 있으므로 주의해야 한다.

따라서 이러한 가능성을 고려하여 사례관리기관은 사례관리의 전 과정을 통해서 사례관리 실천과 관련한 중요한 정보를 수집하고 수집된 정보를 체계적으로 관리할 수 있는 방안을 마련해야 한다. 사례관리 과정을 통해서 수집해야 할 핵심적인 정보는 다음과 같다.

이를 위해 본 매뉴얼에서는 사례관리와 관련한 주요 기록 및 관련기록을 통해 주요 정보를 수집하고 관리하고 내·외부 조직과의 전달체계를 제시함으로써 정보관리의 효율화를 도모하고자 한다.

〈표 2-12〉 정보관리 체계

문 서	작성시기 및 빈도	작성자	수 신
서식 1. 일반상담기록지	매회기 상담 직후	상담자	
서식 2. 등록아동종합정보 기록지	사례관리 참여자로 확정된 이후	사례관리 담당자	
서식 3. 욕구 및 강점 사정지	사례관리 참여자로 확정 이후 1개월 이내 기본형 최소 2년에 1회 일반형 최소 연 1회 통합형 최소 6개월에 1회	사례관리 담당자	
서식 4. 서비스 계획서	사례관리 참여자로 확정 이후 1개월 이내 기본형 최소 2년에 1회 일반형 최소 연 1회 통합형 최소 6개월에 1회	사례관리 담당자	
서식 5. 사례관리 과정기록지	사례관리 참여자로 확정 이후 매 회기별 서비스 제공 직후	사례관리 담당자 내부 서비스 제공자	
서식 6. 서비스 점검 및 평가표	사례관리 참여자 확정 이후 기본형 최소 2년에 1회 일반형 최소 연 1회 통합형 최소 6개월에 1회	사례관리 담당자	
서식 7. 종결 보고서	사례관리 종결 후 1주일 이내	사례관리 담당자	
서식 8. 사후관리 보고서	종결 후 6개월 동안 2회	사례관리 담당자	
서식 9. 네트워크 활동 기록지	매 네트워크 활동 수행 직후	사례관리 담당자	
수퍼비전 계획서	년 1회 매년 2월	사업팀장	
수퍼비전 일지	매 수퍼비전 시행 후 1주일 이내	사례관리파트	
사례회의록	매 사례회의 시행 직후	사례관리파트	
통합사례회의록	매 통합사례회의 시행 후 1주일 이내	사례관리파트	통합사례 관리팀

문 서	작성시기 및 빈도	작성자	수 신
솔루션위원회 회의록	매 솔루션위원회의 시행 후 1주일 이내	사례관리파트	솔루션 위원회
프로젝트계획서	연 1회 매년 10월	사례관리파트	국내 사업팀
반기 보고서	연 2회 매년 1월, 7월	사례관리파트	국내 사업팀
프로젝트 계획서 피드백	연 1회 매년 11월	국내사업팀	사례 관리파트
반기 보고서 피드백	연 2회 매년 2월, 8월	국내사업팀	사례 관리파트
프로그램 참여 의뢰서	연 1회 일괄 의뢰 수시	사례관리파트	프로그램 파트
욕구분석 보고서	2년에 1회	사례관리파트	프로그램 파트
등록 아동 가족지원 사업비 집행 현황	연 2회	사례관리 담당자	
프로그램 세부 계획서	연 1회, 1월	프로그램파트	사례 관리파트
프로그램 결과 보고서	프로그램 종결 시	프로그램파트	사례 관리파트

Chapter 03

사례관리 실천 과정

CONTENT

Chapter 03

사례관리 실천 과정

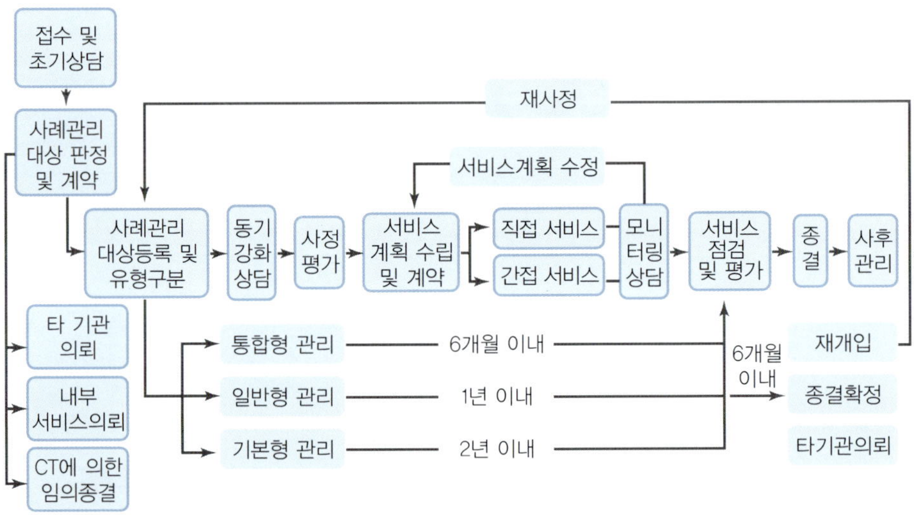

| 그림 3-1 | 사례관리 실천 과정 흐름도

1. 주요 과정별 실행방안

1) 초기상담 및 참여자선정

사례관리 참여자는 아동과 가족의 삶에 있어서 다양한 영역의 미충족 욕구가 있으며, 이러한 욕구충족을 위해 지속적으로 기관내 · 외부의 기존 서비스뿐만 아니라 새로운 서비스 개발 및 제공을 통해 아동과 가족의 역량강화 및 복지수준 향상이 필요한 사례이다.

사례관리 참여자를 선정하기 위해 참여자의 욕구를 파악하고 이를 해결하는 데 필요한 기초 정보수집을 하기 위한 과정이 초기상담과정이라 할 수 있다. 초기상담은 의뢰기관이 제공한 정보를 포함하여 이미 수집된 정보가 있다면 이를 적극적으로 활용하며, 정보원을 다각화하여 정보를 객관화하기 위해 노력해야 한다.

사례관리 참여자를 선정하기 위해서는 1회성 상담이 아니라 몇 차례의 추후 상담을 통해 필요한 정보를 보완하도록 하며, 〈서식 제1-1호 일반상담기록지〉 및 〈서식 제1-2호 사례관리 참여자 종합정보지록지〉의 하위항목에 대한 정보를 토대로 최종적으로 참여자 선정을 한다.

(1) 일반상담과정기록지

〈서식 제1호 일반상담과정기록지〉는 사례관리 참여자로 선정하기 전의 모든 사례에 대한 상담내용을 기록하는 데 활용된다. 사례관리 참여자로 등록한 경우의 상담기록은 사례관리 과정기록지에 기록한다.

항목별 세부내용은 다음과 같이 기록한다.

〈표 3-1〉 일반상담 과정 기록지 항목설명 및 작성방법

구 분	세부내용
날짜	• 기록을 실시한 날짜가 아닌, 상담이 이루어진 실제 날짜를 기록함
참여자명 전화번호	• 상담이 이루어진 참여자의 이름을 기록하며, 본인(실제 도움이 필요하거나, 도움 요청의 대상이 되는 '서비스 참여자')이 아닌 경우 실제 서비스 참여자의 이름 및 연락처에 대한 정보를 확인하여 기록함
수급 유형	• 서비스 참여자 가구의 수급 유형을 확인하여 기록함 1-일반가구, 2-저소득가구, 3-차상위가구, 4-조건부/조건유예수급가구, 5-수급가구, 6-특례가구, 7-기타로 구분하여 해당하는 번호를 기입함
가구 유형	• 서비스 참여자의 가구 유형을 확인하여 기록함 1-부부중심가구, 2-모자가구, 3-부자가구, 4-미혼부모가구, 5-조손가구, 6-소년소녀가구, 7-위탁가정가구, 8-친인척거주가구, 9-기타 가구로 구분하여 해당하는 번호를 기입함
개시 방법	• 개시 방법은 상담을 개시한 주체에 대한 정보를 기록함 1-인바운드 상담(사례관리 참여자가 전화나 내소를 하여 상담을 하게 된 경우, 대개 시간 약속을 하지 않고 사례관리 참여자에 의해 상담이 개시되는 경우), 2-아웃바운드 상담(상담자가 의도적으로 접촉을 시도한 경우, 혹은 시간 약속을 통해 사례관리 참여자와 상담을 하게 된 경우), 3-기타
의뢰 접수 경로	• 의뢰접수 경로는 본 기관의 서비스에 대한 정보를 제공하여 서비스를 권유 혹은 의뢰한 상대를 확인하여 기록함 1-자발적 요청, 2-동거가족(형제자매, 부모, 주 양육자) 3-동네 친구, 학교, 교회 등 소속집단 구성원, 4-비동거 가족, 친인척, 이웃 등 비공식 지지체계, 5-등록가정, 6-관련기관(사적, 비공식적 네트워크에 의한 의뢰가 아닌,기관 내부를 포함한 공식적인 서비스제공기관을 의미함), 7-사례관리 담당자 발굴, 8-기타로 구분하여 해당하는 항목의 번호를 기입함
의뢰처	• 의뢰 경로 중 "6-관련기관" 에서 의뢰한 경우 구체적인 기관의 유형을 중심으로 구분하여 기록함 1-기관 내부 의뢰, 2-행정기관, 3-고용 · 복지관련 기관, 4-교육관련 기관, 5-보건의료관련 기관, 6-기타로 구분하여 해당하는 번호를 기입함 • "내부"는 기관 내 타 부서의 서비스 이용자이나 서비스제공 과정을 통해서 사례관리 참여자로 평가되어 의뢰된 경우를 의미함

구 분	세부내용
의뢰처	• "행정기관"이라 함은 시 · 군 · 구청이나 주민센터 등 행정조직으로부터 직접 의뢰, 혹은 수급가구, 한부모가구 등 가구유형에 대한 정보(명단, 주소 포함)제공을 통해 발굴된 경우를 의미함 • "고용 · 복지관련 기관"이라 함은 고용안정센터 등 노동부 관련 조직이나 지역자활센터, 사회복지관련 기관(사회복지사업법에 의해 설치, 설립한 사회복지시설) 등을 통해 직접 의뢰된 경우를 의미함 • "교육관련 기관"이라 함은 학교 또는 교육청 등 교육기관 및 교육지원을 위한 국공립기관을 의미함 • "보건의료관련 기관"이라 함은 보건소, 정신보건센터, 알콜상담센터, 국공립병원, 개인병의원 등 보건의료 서비스를 제공하는 공공 혹은 민간 기관을 의미함 • "기타"는 자발적으로 왔거나 이웃이나 친지에 의한 경우, 위 분류체계에 포함되지 않은 조직들을 포함하여 기록함
접촉 방법	• 접촉방법은 상담을 위해 어떠한 방법을 활용하여 접촉하였는지를 구분하여 기록함 1–전화, 2–내방, 3–가정방문, 4–기관방문, 5–인터넷상담, 6–기타
주개입 대상	• 초기상담에서 확인한 앞으로 개입해야 할 주서비스대상을 확인하여 기록함. 주개입대상은 초기상담을 통해 확인한 정보를 토대로 잠정평가한 내용이므로 상담이 진행됨에 따라 주개입대상에 대한 판단이 달라질 수 있음. 따라서 당일 상담내용을 토대로 판단하여 기록함 1–아동, 2–주양육자, 3–형제자매, 4–기타 동거가족, 5–비동거가족, 친인척, 이웃 등 비공식지지체계, 6–학교, 직장, 교회 등 소속집단구성원 7–서비스기관의 담당자로 구분하여 해당하는 번호를 기입함
주요 욕구 및 개입 목표	• 주요 욕구 및 개입목표는 당일 상담의 주요 내용이나 주요 개입의 방향을 통해 가장 초점을 두고 이루어진 활동을 기록함 1–가족 외부로부터의 생명 및 안전에 위협을 받거나 받을 가능성 감소 및 안전확보 2–가족 내 폭력 및 학대, 방임으로부터의 안전 확보 및 보호 3–신체건강문제의 완화 및 회복 4–정서적인 문제, 정신건강문제(술, 약물, 자살 등)의 완화 및 회복 5–일상생활 유지 및 일상생활 기능 강화 6–여가활용 능력 향상 및 여가생활 영위 7–간병 및 보육부담 완화 8–부부/부모–자녀관계의 개선 및 가족기능 강화 9–친인척/이웃 등 사회적 관계의 개선 및 지지체계 강화 10–사회생활(학교,직장 등 소속된 집단에서의 관계) 향상 11–기초 욕구(의식주)의 충족

구 분	세부내용
주요 욕구 및 개입 목표	12–소득보장 및 향상 13–학습능력 강화 및 교육기회 확대 14–취(창)업 지원 및 직업적응력 강화 15–주거환경 문제의 개선 16–주변환경 문제의 개선 17–기타(구체적으로 기록)
개입 내용	• 당일 제공한 서비스내용 중 가장 비중있게 제공한 서비스유형을 1개 선택하여 기입함 1–정보제공(사례관리 참여자에게 직접적으로 단순정보를 제공한 경우), 2–상담서비스제공(사례관리 참여자에게 교육, 조언,정서적 지지 등 비물질적 서비스제공), 3–대인서비스연결(사례관리 참여자 외에 상담, 교육, 치료, 보호 등 비물질적 서비스 제공기관 연결 위한 노력. 3은 1+2+3의 서비스를 모두 제공한 형태임), 4–물질적 지원서비스 연결(사례관리 참여자 외에 식품, 생활용품, 주거환경개선, 후원금 등 연결 위한 노력. 4는 1+2+4의 서비스를 모두 제공한 형태임), 5–기타로 구분하여 해당하는 번호를 기입함
서비스 제공 시간	• 당일 서비스가 제공된 시간을 10분 단위로 기록함 • 당일 서로 다른 접촉방법(전화/내소상담/가정방문)을 통해 수차례의 서비스가 제공된 경우는 각각의 내용을 별도로 구분하여 개입시간을 기록함 • 가정방문이나 지역사회방문 상담은 방문을 위해 소요되는 교통시간은 제외하고 실제적인 개입활동이 이루어진 시간만을 기록함
추후 계획	• 추후 계획은 해당 상담을 마치면서 상담자가 판단하는 잠정적인 계획을 의미함 1–(사례관리 참여자로 등록하지 않고) 추후 상담을 유지할 계획 2–사례관리 참여자로 등록할 계획 3–내부서비스의뢰 후 종결할 계획 4–타 기관의뢰 후 종결할 계획 5–문제미해결+욕구미충족상태이나 상담이나 사례관리를 통해 도움을 주는 것이 적절하지 않아서 사례관리 담당자의 판단에 의한 종결 6–사례관리 참여자에 의한 임의종결(이사/연락두절/서비스 불만족 등) 7–기타 위의 해당 사항을 구분하여 해당하는 번호를 기입함
담당자	• 당 회기의 상담을 수행한 사람의 이름을 기록함
주요 상담 내용	• 당 회기 상담의 주요 내용을 요약하여 기록함

〈서식 제1호 일반상담 과정 기록지〉

일반상담과정기록지															
날 짜	참여자명	전화번호	수급유형	가구유형	개시방법	의뢰접수경로	의뢰처	접촉방법	주 개입대상	주요 욕구 및 개입 목표	개입내용	서비스 제공시간	추후계획	담당자	주요 상담내용

2) 사례관리 등록 및 계약

월드비전 사례관리의 목적은 "아동과 그 가족의 욕구에 부합되는 최선의 복지서비스를 누리도록 함께 일하면서 하나님의 나라에서와 같이 아동, 가족, 지역사회가 통전적인 모습으로 구현되는 것"이다. 이는 사례관리의 기본적 수행방식이 참여적, 협력적 작업방식으로 이루어져야 함을 의미한다. 이러한 수행방식을 구조화하기 위한 방법으로 계약수립이 중요시된다. 즉, 사례관리 계약은 아동과 그 가족의 욕구 충족 및 삶의 변화를 도모하기 위해 구체적인 목표와 기간, 서로의 역할 및 책임성을 명시하고 이에 대한 동의를 분명히 함으로써 협력과 참여를 강조한다.

등록회원은 다음의 기준을 충족시켜야 한다. 첫째, 월드비전 사례관리사업의 목적 및 대상선정기준에 적합해야 하며, 둘째, 본인에 의해 사례관리서비스에 대한 (서면)동의가 이루어진 경우이다.

서면동의를 받은 사례에 한해 사례관리 참여자로 등록할 수 있으나, 사례관리 참여자와의 관계형성을 위해서나 등록에 대한 불신을 표현하는 사례인 경우 등은 잠정적인 사례관리 참여자로서의 서비스를 진행하면서 추후 필요한 절차를 밟을 수 있다.

(1) 등록아동 종합정보 기록지

등록아동 종합정보 기록지는 사례관리대상 아동가구에 대한 종합적인 정보관리를 위한 서식이다. 주요 내용은 아동과 가족구성원에 대한 인구사회학적 정보, 가족사에 대한 검토를 통해 아동과 그 가족이 경험하는 어려움과 힘을 확인하고, 아동과 그 가족을 이해하고 잠정적인 변화의 지향점을 찾도록 하는 데 주요 목적이 있다. 또한 업무적으로는 사례관리유형 및 담당 사례관리 담당자의 결정 등 사례관리과정을 공식화하기 위한 기본 구조를 만드는 데 필요한 정보들을 기록관리한다.

〈서식 제2호 등록아동 종합정보기록지〉는 일반상담과정을 통해 확보한 정보를 토대로 사례관리 참여자로 선정된 경우 참여자에 대한 종합정보를 추가적으로 확보하여 기록한다. 기록지는 정보가 바뀔 때마다 수정하여야 하며 유형별 재사정 주기에 따라 갱신하도록 한다.

항목별 세부내용 및 작성방법은 다음과 같다.

〈표 3-2〉 등록아동 종합정보 기록지 항목 설명 및 작성방법

구 분	세부내용
등록 아동 번호	• 등록아동 번호는 사례관리 참여자로 등록한 사례에 대한 고유번호를 의미하며 본부에서 생성한 번호체계를 기록함 • 일반아동을 등록할 경우는 연도-일련번호의 형태로 기록함 • 예, 2010년에 5번째로 등록한 사례인 경우는 "2010-005" 로 기록함
사례 관리 담당자	• 본 기록지는 사례관리 담당자가 작성하도록 하며, 중간에 사례관리 담당자가 바뀐 경우에는 기존 자료를 참고로 하되, 최종기록에 대한 확인은 최종 담당 사례관리 담당자가 함
작성일	• 본 기록지를 작성 완료하여 최종적으로 사례관리 참여자의 유형을 확정한 날짜를 기록함
신규 기존	• 사례관리 참여자로 최초로 등록된 경우에는 신규에, 이미 등록관리되고 있던 사례에 대한 종합정보 기록을 수정하여 작성한 경우는 기존으로 체크함 • 본 종합정보기록지는 사례관리 참여자와 관련한 정보에 변동이 있는 경우는 수시로 수정 · 보완하도록 하며, 최소 년 1회 갱신하도록 함
의뢰 접수 경로	• 의뢰 경로는 본 기관의 서비스에 대한 정보를 제공하여 서비스를 권유 혹은 의뢰한 상대를 확인하여 해당하는 항목에 체크함 1-자발적 요청, 2-동거가족(형제자매, 부모, 주 양육자), 3-동네 친구, 학교, 교회 등 소속집단 구성원, 4-비동거가족, 친인척, 이웃 등 비공식 지지체계, 5-등록가정, 6-관련기관, 7-사례관리 담당자 발굴, 8-기타로 구분하여 해당하는 항목의 번호를 기입함
정보 제공자	• 본 기록지 작성에 필요한 정보를 제공한 사람이 누군인가를 기록함. 정보원이 다양하다면 해당하는 모든 항목에 표시하며, 아동과 가족 이외의 경우는 구체적인 정보제공자를 기록함
가계도	• 사례관리 등록시점의 사례관리 대상가구에 대한 가계도를 직접 그려 넣음 • 가계도의 주요 상징들은 다음의 그림을 참고함

구 분	세부내용
생태도	• 사례관리등록시점에서, 사례관리 참여자 및 가족구성원이 관계를 맺고 있는 다양한 자원체계도 및 관계의 주요 특성을 직접 그려 넣음
가족력	• 가족력은 현재 이 가정이 경험하고 있는 어려움과 관련한 주요 사건이나 가족환경을 배경요인, 유발요인, 강화요인으로 구분하여 기록함. 각각은 시간의 흐름을 반영하고 있음 • 배경요인은 현재 이 가정이 경험하는 어려움 이전의 삶의 배경을 의미하며, 현재 경험하는 어려움에 일정 부분 영향을 주었을 것으로 판단되는 원가족 및 동거가족구성원과의 관계나 생활사건을 중심으로 기록함 • 유발요인은 현재 이 가정이 경험하는 어려움의 직접적, 실제적인 계기가 되었던 것으로 평가되는 가족구성원 간의 관계나 삶의 사건을 중심으로 기록함 • 심화요인은 현재 이 가정이 경험하는 어려움이 6개월 이상 지속되는 경우, 이러한 상황이 유지 혹은 강화되도록 영향을 미치고 있는 주변상황(가족관계나 사회적 관계 등을 중심으로)을 분석하여 기록함
직계 및 동거 가족 사항	• 사례관리 참여자를 중심으로 직계 및 동거가족에 대한 주요 정보를 기록함
가구 유형	• 서비스 참여자의 가구유형을 확인하여 기록함 • 1-부부중심가구, 2-모자가구, 3-부자가구, 4-미혼부모가구, 5-조손가구, 6-소년소녀가구,7-위탁가정가구, 8-친인척거주가구, 9-기타 가구로 구분하여 해당하는 번호를 기입함
가구 유형-1	• 서비스 참여자의 하위 가구유형을 확인하여 기록함 • 1-다문화가구, 2-장애인가구
수급 유형	• 서비스 참여자 가구의 수급유형을 확인하여 기록함 • 1-일반가구, 2-저소득가구, 3-차상위가구, 4-조건부/조건유예수급가구, 5-수급가구, 6-특례가구, 7-기타로 구분하여 해당하는 번호를 기입함
주거 형태	• 주거형태는 현 거주지의 소유/유무상 임대형태를 파악하여 해당하는 항목에 체크함
경제 상황	• 경제상황은 가구의 경제수준 및 경제활동상황에 대한 정보로 해당하는 항목에 체크함 • 가계소득은 월평균 가구의 총수입을 파악하여 기록함 • 부채는 가구구성원의 총부채를 합산하여 기록함 • 소득원은 가계소득을 구성하는 소득의 원천에 해당하는 항목에 체크함 • 총재산은 현금 및 부동산을 포함하여 합산기록함 • 지출은 월평균 지출액과 지출내역을 기록함

구 분	세부내용
사례 관리 유형 결정 및 담당자 선정	• 서비스 수행방법은 사례관리 참여자로 등록할 시점까지 파악한 정보를 토대로 잠정적인 서비스 수행방법을 기록함 • 수행방법의 구분은 1-긴급/위기지원, 2-결연사업을 통한 소득지원, 3-기존 내 · 외부자원연결, 4-신규 내 · 외부자원 개발로 구분하며 해당하는 항목에 체크함 1. 긴급/위기지원은 모든 서비스 이용기준을 넘어서서 참여자와 그 가족구성원의 안전확보를 위해 필요한 서비스 제공을 해야 하는 경우이며, 물질 및 심리 · 정서적 지원을 통해 참여자와 가족의 위기안정화 및 일시적 안전 확보가 목표임. 긴급/위기지원은 최대 3일 이내에 가장 긴급한 서비스가 제공되어야 하며, 최대 개입기간은 1달 이내로 함. 위기안정화 이후 미충족욕구영역에 대한 개입을 위해 사례관리 참여자로 재선정할 수 있음 2. 결연사업을 통한 소득지원중심의 서비스지원 3. 기존 내 · 외부자원연결은 기관 내부 혹은 외부기관에서 이미 개발되어 있는 서비스를 직접 혹은 연계하여 제공하는 것으로 욕구충족이 가능한 경우에 해당함 4. 신규 내 · 외부자원개발은 기관내부 또는 외부자원 및 서비스가 없어서 새롭게 자원 및 서비스를 개발하여 제공해야 욕구충족이 가능한 경우에 해당함
	• 사례관리 가구의 유형 구분은 위기관리가구, 기본형 사례관리, 일반형 사례관리, 통합형 사례관리로 구분함 • 욕구미충족 항목 중에 서비스수행방법으로 선택된 방안 중 1. 긴급/위기지원의 방식을 필요로 하는 영역이 한 개라도 있는 경우 위기관리 가구로 구분함 • 위기관리 가구는 위기안정화 자체가 주요 개입목표이므로 총 개입기간은 1개월 이내로 하며, 사례관리의 계약 및 욕구 및 강점사정지 등의 기록을 작성하지 않고도 곧장 개입활동을 수행하도록 함. 위기안정화라는 개입목표가 달성된 이후에는 미충족욕구 영역에 대한 개입을 위해 사례관리 유형을 재구분하도록 함 • 기본형 사례관리 가구는 2. 만 있는 경우로, 결연사업의 소득지원을 통해 주요 욕구충족이 가능할 것으로 판단되는 사례임 • 일반형 사례관리 가구는 2와 3. 기존 내 · 외부 서비스연결이라는 서비스 수행방법을 통해서 욕구충족이 가능할 것으로 판단되는 사례임 • 통합형 사례관리 가구는 위기안정화가 목표인 영역이 없고, 2,3,4의 서비스 수행방법이 혼재하는 경우임. 즉, 욕구영역 중 일부 혹은 전부가 기존서비스로는 욕구충족이 불가능하며, 신규 내 · 외부서비스를 개발하여 제공할 때만이 욕구충족이 가능할 것으로 판단되는 사례임

구 분	세부내용
사례 관리 유형 결정 및 담당자 선정	• 유형결정과 함께 사례관리 담당자를 확정하여야 함 • 한편 사정평가 및 서비스 계획안이 확정되기 전에 임시계획에 의해 내 · 외부 서비스제공이 필요한 경우 그 주요 내용을 기록한 후 실제 서비스 제공을 위한 활동을 개시할 수 있음

〈서식 제2호 등록아동 종합정보 기록지〉

등록아동 종합정보 기록지

작성일	년 월 일	□신규 □기존	소속	
사례관리 담당자			연락처	
의뢰접수 경로	□ 자발적 요청 □ 동거가족(형제자매, 부모, 주양육자) □ 동네 친구, 학교, 교회 등 소속집단 구성원 □ 비동거가족, 친인척, 이웃 등 비공식 지지체계 □ 등록가정 □ 관련기관 □ 사례관리 담당자 발굴 □ 기타			
정보제공자	□ 아동 □ 가족( ) □ 기타( )			
등록(아동) 번호		성별	□ 남 □ 여	아동사진
아동명		취학상황	□ 미취학 ( ) 어린이집,유치원 ( ) 가정보육 □ 취학( )학교 ( ) 학년( )반 □비취학(사유:)	
연령				
주민등록번호	(–)			
건강상태				
아동의 꿈				
좋아하는 놀이	좋아하는 놀이와 취미를 탐색하여 기록함. 이 역시 단순히 그 내용을 기록하는 것이 아니라 이러한 놀이/취미가 아동의 삶에 어떤 기능을 하는 것인지, 이러한 놀이/취미에 대한 영향요인은 무엇인지, 놀이/취미생활에 방해요인 혹은 강화요인 등은 무엇인지를 종합적으로 탐색하여 기록	좋아하는 과목	학령기 아동의 경우 좋아하는 과목을 탐색하여 기록함. 좋아하게 된 계기 등을 탐색하여 기록함	
주소				
핸드폰번호		종교	키	몸무게
주 보호자 정보				
주보호자명 (관계)	( )	성 별	□ 남 □ 여	
생년월일		핸드폰번호		
주 소				

가계도	생태도

<table>
<tr><td colspan="10">상징 : ◎ 여, CT, ▣ 남, CT, ㊍ 50세, 남 30세, ⊗ 사망, △ 임신, 결혼, □—/—○ 별거, □—//—○
이혼, — 소원한 관계, = 친밀관계, ≡ 밀접관계, ⋀⋀⋀ 갈등, … 혼외, ⊣⊢ 단절</td></tr>
<tr><td rowspan="2">가족력</td><td colspan="3">배경요인</td><td colspan="4">유발요인</td><td colspan="2">심화요인</td></tr>
<tr><td colspan="3">예시) A 아동의 모는 친정부모의 이혼과정에서 방임되었고, 양육부담을 전가하는 부모의 모습을 보고 상처가 많았음. 적절하지 않은 양육환경, 감당할 수 없는 상황에도 자녀를 자신이 직접 키워야 한다는 과도한 책임감으로 인해 다른 사람의 도움이나 자원활용에 부정적 영향을 주고 있음</td><td colspan="4">예시) 최근 아동의 장애로 인해 학교에서 따돌림과 폭력으로 아동의 증상이 더욱 심해지고 동생에게 폭력행동이 전가되고 있음. 이로 인해 동생의 담임교사가 모의 부적절한 양육을 문제삼아 아동학대 신고가 이루어져 조사를 받게 됨. 이를 계기로 서비스제공자들에 대한 부정적 인식이 극대화됨</td><td colspan="2">예시) 이러한 상황을 모가 조정하지 못하고 있자 아동이 다니는 지역아동센터 선생님이 가정위탁을 권고한 사건으로 모가 아동의 모든 서비스를 중단하고 서비스제공자들의 접촉을 거부하고 있음</td></tr>
<tr><td rowspan="7">직계 및 동거 가족사항</td><td>관계</td><td>성명</td><td>연령</td><td>종교</td><td>결혼상태*</td><td>동거여부</td><td>학력</td><td>직업</td><td>건강상태</td><td>장애명/질병명</td></tr>
<tr><td></td><td></td><td></td><td></td><td></td><td></td><td></td><td></td><td>□건강 □장애 □질병</td><td></td></tr>
<tr><td></td><td></td><td></td><td></td><td></td><td></td><td></td><td></td><td>□건강 □장애 □질병</td><td></td></tr>
<tr><td></td><td></td><td></td><td></td><td></td><td></td><td></td><td></td><td>□건강 □장애 □질병</td><td></td></tr>
<tr><td></td><td></td><td></td><td></td><td></td><td></td><td></td><td></td><td>□건강 □장애 □질병</td><td></td></tr>
<tr><td></td><td></td><td></td><td></td><td></td><td></td><td></td><td></td><td>□건강 □장애 □질병</td><td></td></tr>
<tr><td colspan="10">* 결혼상태 : 미혼=1, 기혼=2, 재혼=3 별거=3, 이혼=4, 사별=5, 기타=5</td></tr>
<tr><td>가구유형</td><td colspan="10">□ 부부중심가구 □ 한부모가구 □ 미혼모가구 □ 조손가구
□ 소년소녀가구 □ 가정위탁가구 □ 친인척거주가구 □ 기타 ( )</td></tr>
<tr><td>가구유형-1</td><td colspan="10">□ 다문화가구 □ 장애인가구</td></tr>
<tr><td>수급유형</td><td colspan="10">□ 일반가구 □ 저소득가구 □ 차상위가구 □ 조건부/조건유예수급가구
□ 수급가구 □ ( )특례가구 □ 기타( )</td></tr>
<tr><td>주거형태</td><td colspan="10">□ 자가 □ 전세(보증금:) □ 월세(보증금 /월세)
□ 영구임대(보증금 /임대료) □ 매입임대(보증금 /임대료)
□ 무상임대 □ 기타( )</td></tr>
<tr><td rowspan="2">경제상황</td><td>가계소득</td><td colspan="3">□ 월 평균 ( )만원
• 연금 ( )원
• 공공부조 ( )원
• 가족지원 ( )원
• 근로수입 ( )원
• 후원금 ( )원
• 기타 ( )원</td><td>지출</td><td colspan="2">□ 월 평균 ( )만원
• 생활비 ( )원
• 교육비 ( )원
• 의료비 ( )원
• 기타 ( )원</td><td>부채</td><td colspan="2">□ 약 ( )만원
• 주택 ( )원
• 생활 ( )원
• 의료 ( )원
• 기타 ( )원</td></tr>
<tr><td>자동차</td><td colspan="3">□ 화물 □ 승용 □ 승합</td><td colspan="6">□ 차종( ) □ 배기량( )CC
□ 연식( )년 식 □ 주용도 ( )</td></tr>
</table>

아동과 가족의 상황에 대한 종합분석결과를 토대로 각각의 욕구영역별로 미충족욕구가 있는 영역에 대해 어떠한 방식으로 서비스를 수행할 것인지에 대한 잠정적인 방향에 해당하는 항목에 체크함. 해당 욕구를 충족하기 위한 서비스 수행방법이 긴급지원+결연후원+내 · 외부자원 연결 등이 모두 필요한 경우는 모든 수행방법에 다 체크할 수 있음. 이 사례는 서비스 수행 방법이 1인 영역이 2개나 되는 사례로 위기관리가구로 일차적으로 구분하여 서비스가 제공되어야함

사례관리 유형 결정 및 담당자 선정

	유형	서비스 수행방법			
		1	2	3	4
욕구영역	학대, 방임, 기타 위험으로부터의 안전확보	*	*	*	*
	신체적 건강 회복	*			
	정신건강(정신질환, 중독, 자살) 회복		*		
	일상생활(가사 및 여가) 유지				
	가족생활(보육, 양육, 간병,가족관계) 향상		*		
	사회생활(학교, 이웃, 직장에서의 관계) 향상			*	*
	경제적(소득보장, 부채) 안정				
	교육 및 학업(진학, 학습) 기능향상 및 유지				
	직업(취/창업, 직업유지) 기능향상 및 유지				
	안전하고 쾌적한 생활환경의 보장				
	기타(　　　　　　)				

코드	유형구분	사례관리 담당자 선정	코드	유형구분	사례관리 담당자 선정
ㅁ 0	위기관리가구		ㅁ 2	일반형 사례관리가구	
ㅁ 1	기본형 사례관리가구		ㅁ 3	통합형 사례관리가구	

	회차	기간	유형	변경사유
유형구분 현황	1	2011.3 ~ 2011. 5	위기관리가구	
	2	2011.5 ~ 현재	통합형 사례관리가구	가족내 방임 및 학대(정신질환을 앓고 있는 부모의 증상조절이 이루어지지 않아 아동에게 악령이 들었다고 신체적 폭력을 가함)에 의한 위기가 부모의 강제입원치료을 통해 안정화가 이루어짐. 아동의 지속적인 성장발달을 위해서 기관외부의 신규서비스제공이 필요함. 또한 가족의 참여가 가능해져서(부모의 정신질환이 약물관리로 증상조절이 가능해짐) 사례관리참여자로서의 변경이 가능해짐
	3			

	아동/가족의 주요욕구 / 걱정거리	아동/가족이 원하는 도움 / 지원의 내용
초기 상담내용	초기상담시 아동과 가족의 걱정거리나 도움의 내용이 종합평가를 거치면서 요구가 욕구로 전환되어 다른 서비스계획으로 진행될 수 있음. 그럼에도 불구하고 초기상담에서 아동과 가족이 원하는 도움의 내용이 어떤 의미를 가지는지를 좀더 탐색하기 위한 작업으로 활용함	
종합 의견	이상의 종합적인 정보들을 토대로 이 아동과 가족의 삶에 대한 종합분석 및 장기전망을 기록함. 이를 토대로 사례관리 담당자의 잠정적인 변화노력의 방향성에 대한 의견을 기술함	

3) 사정평가

사정평가의 주요 기능은 문제 혹은 서비스에 대한 요구를 욕구로 전환시키는 것이다. 즉, 사정평가를 통해 분석된 정보는 욕구를 중심으로 정리된다. 욕구(need)란 무엇인가? 다양한 정의들이 존재하지만 욕구란 특정 프로그램이나 서비스를 제공해야 할, 즉 개입의 필요성이자 개입을 통해 변화를 도모해야 할 사례관리 참여자의 상황에 대한 가설을 수립하는 과정으로 정의할 수 있다. 따라서 욕구는 변화목표, 성과와 직접적인 관련을 가지며, 서비스 자체에 대한 요구(demand, want)와는 구분되어야 하는 개념이다. 즉, 욕구사정이란 어떤 서비스를 필요로 하는가를 결정하기 전 단계로, 사례관리 참여자가 경험하고 있는 문제나 일반적으로 문제라고 인식되는 상황에 대한 정밀한 분석을 통해 변화의 방향이나 변화의 목표를 설정하기 위한 단계라 할 수 있다.

사정평가는 〈서식 제1-3호 욕구 및 강점사정지〉를 활용하여 사례관리 참여자의 유형별, 욕구영역별로 어려움을 겪고 있는 주요 내용, 원인 및 이를 해결하기 위한 방향, 문제해결에 활용가능한 내외적 자원의 파악을 위해 심층적 조사 · 상담을 실시하는 과정이다. 사정평가는 현 상황에 대한 명확한 분석, 이후의 개입구조 및 구체적인 개입방안의 기본 틀과 투입자원을 추정하기 위한 과정으로서의 의미를 가진다.

따라서 사정은 사례관리 담당자가 아동과 함께, 아동과 그 가족의 안녕과 삶의 질 향상에 초점을 둔, 강점관점 사정이 이루어지도록 하며, 아동과 그 가족에 대한 문화적 민감성을 가지고 상담에 임하여야 한다. 또한 아동과 가족의 자발성 및 주관적 욕구에 기반하되 사례관리 담당자의 전문적 판단을 추가한 종합적, 포괄적 사정평가가 이루어지도록 한다.

사정평가는 일회적인 과정이 아니라 아동과 가족의 욕구변화 및 상황변화에 따라 정기적인 재사정과정이 요구된다. 정기적 사정평가는 사례관리유형별로 그 주기를 달리하되, 아동과 가족의 욕구 및 상황변화에 대한 실행계획의 수정이 요구될 때 수시로 재사정을 통해 욕구변화에 민감한 서비스제공이 이루어지도록 한다.

사정평가내용을 토대로 실행계획이 수립되므로 현실적인 계획이 가능하도록 하기 위해서는 아동과 가족의 삶을 가장 잘 이해하고 파악이 가능한 가정방문을 통한 면접상담을 원칙으로 한다. 사례관리대상 아동과 가족의 진술뿐만 아니라 사례관리 참여자(혹은 대상가구)의 이웃, 주변인, 친구, 친척, 복지담당공무원 및 지역사회 안의 사회복지 관련기관이나 단체의 다양한 의견 및 관점을 통해 현 상황을 객관적으로 파악한다.

(1) 욕구 및 강점사정지

〈서식 제3호 욕구 및 강점사정지〉는 사례관리 참여자로 선정하기까지 다양한 정보원으로부터의 정보 및 사례관리 참여자와의 면접상담을 통해 획득한 정보를 욕구중심 및 사례관리 참여자의 주관적 인식, 사례관리 담당자의 평가 등을 토대로 주요한 개입전략을 개발해내기 위한 과정이자 관련정보의 요약기록이라 할 수 있다.

항목별 세부내용 및 작성방법은 다음과 같다.

〈표 3-3〉 욕구 및 강점 사정지 항목설명 및 작성방법

구 분	세부내용
등록 아동 번호	• 등록번호는 사례관리 참여자로 등록한 사례에 대한 고유번호를 의미하며 번호 체계는 등록한 연도-일련번호의 형태로 기록함 • 예, 2010년에 5번째로 등록한 사례인 경우는 "2010-005" 로 기록함
사례관리 담당자	• 본 기록지는 사례관리 담당자가 작성하도록 하며, 중간에 사례관리 담당자가 바뀐 경우에는 기존자료를 참고로 하되, 최종기록에 대한 확인은 최종담당 사례관리 담당자가 함
작성일	• 본 기록지를 작성 완료한 날짜를 기록함
신규 재사정	• 사례관리 참여자로 최초로 등록된 경우에는 신규에, 이미 등록관리 되고 있던 사례에 대한 재사정평가인 경우는 재사정에 체크하며, 몇 번째 사정평가에 해당하는지 그 회차를 기록함 • 즉, 본 사정평가지는 사례관리 참여자의 신상에 변동이 있는 경우는 수시로 수정 · 보완하도록 하며, 최소 기본형은 2년, 일반형은 1년, 통합형은 6개월마다 갱신하도록 함
욕구 영역	• 삶을 영위하는데 필요한 욕구를 포괄하여 안전영역/ 건강영역/ 일상생활영역/ 가족생활영역/ 사회적 관계영역/ 경제영역/ 교육영역/ 직업영역/ 생활환경영역/ 기타 영역으로 구분하여 제시함 • "안전영역"은 내 · 외부적 요인에 의해 참여자 및 가족구성원의 즉각적인 안전확보 및 생명보호를 필요로 하는 문제발생 및 그 가능성을 염두에 두고 상황을 파악함. "안전영역"에서 야기될 수 있는 주요 문제의 원인을 가족내부와 외부를 구분하여 가족 외부적 요인에 의한 것은 생명의 위협(외부요인) 문제영역에 기술하며, 가족구성원 간의 폭력이나 학대, 방임으로 인해 안전에 위협을 받는 경우는 가족 내 안전문제로 구분하여 기술함 • "건강영역"은 신체건강과 정신건강으로 구분하여 기술함. 신체건강은 급성 혹은 만성질환으로 인해 집중치료 혹은 장기치료 및 보호 혹은 재활 등 의료욕구가 유발되는 상황에 대한 파악이 필요함. 경우에 따라 전문적 진단의뢰를 통해 정보를 좀더 객관화하여 기록함. 정신건강상의 문제는 진단받은 정신과 질환 이외에 진단이 요구되는 정신과적 증상이 나타나는 경우, 술이나 향정신성약물(정신기능에 영향을 미치며, 내성 및 금단증상을 유발하는 약물)의 사용으로 일상생활이나 사회적 기능수행상의 어려움을 야기하는 경우 등을 중심으로 사정 평가함. 또한 이러한 정신과적 문제로 인해 자해나 타해의 위험도에 대해서도 사정하여 평가함

구 분	세부내용
욕구 영역	• "일상생활영역"은 일상생활유지와 관련된 문제와 여가활용과 관련한 영역을 구분하여 기술함. 일상생활유지의 문제는 개인의 일상생활을 중심으로 생존에 필요한, 의식주와 관련된 기본적 행위(먹을 것 준비하여 먹기, 씻고 입기, 생활공간의 청결 및 관리)가 자신의 힘으로 수행가능한지, 불가능하다면 도움이 제공되고 있는지 등을 면밀히 사정하여 기록함. 여가생활은 의식주생활 이외에 나머지 시간을 어떻게 활용하고 있는지, 그 시간을 보내는 방식이 다른 이차적인 문제를 야기하고 있지는 않는지를 세분하여 검토함 • "가족생활영역"은 가족의 구조와 기능적 특성으로 인해 야기되는 어려움을 부부 또는 부모-자녀관계 등 가족관계의 어려움과 보육이나 간병 등 가족구성원의 보호부담으로 인해 야기되는 욕구를 구분하여 기술함 • "사회적 관계영역"은 가족관계를 벗어나 친인척이나 이웃, 소속된 사회적 집단(학교, 직장, 단체) 내에서 관계를 형성하고 유지하는 데 필요한 욕구를 중심으로 기록함 • "경제영역"은 기초욕구충족과 자산취득 및 관리에 대한 욕구를 구분하여 기록함. 기초욕구충족은 다양한 소득의 유형, 소득수준, 필수지출에 대한 파악을 통해 기본적 의식주 충족이 가능한지, 기초욕구충족에 어려움을 겪는지 등을 종합하여 기록함. 자산취득 및 관리(저축관리/부채관리)에 대한 욕구는 근로활동을 포함하여 어떠한 방법으로 소득활동을 하고 자산을 취득하고 관리하는지, 이 과정에 어떤 어려움이 있는지를 종합하여 기술함 • "교육 및 직업영역"은 학교나 직장에서의 관계가 아닌 "학습"의 차원에서 접근함. 즉, 생애주기별로 필요한 교육 및 훈련의 기회가 제공되고 있는지(교육 및 학습의 문제), 이러한 기회를 활용하는데 어떤 어려움이 있는지[취학이나 취업/창업에서의 어려움, 학업/직업(무)기능수행상의 문제]를 중심으로 사정하여 평가함 • "생활환경영역"은 대상자의 삶의 기반인 지역사회의 생활환경과 제도에 대한 점검에 초점을 둠. 주요 내용은 현재 대상자가 살고 있는 가시적, 물리적인 주거 및 주변 환경의 문제를 평가함 • "기타 영역"은 위에서 구분한 욕구영역에 포함시키기 어렵거나, 별도의 구분을 함으로써 문제상황이 좀더 분명해진다고 사례관리 담당자가 판단한 경우에 자유롭게 활용할 수 있음
아동 및 가족의 현 상황에 대한 인식	• 욕구영역별로 사례관리 대상자는 각각의 상황을 아동과 가족이 어떻게 인식하고 있으며, 이에 대한 대처노력이나 해결방법에 대한 탐색을 함 • 즉, 아동과 가족이 각각 자신의 언어로, 현 상황과 관련하여 도움이 필요하다고 요구하는 내용 및 해결방법에 대한 기대를 종합하여 기술함 • 사례관리 대상자의 이러한 주관적 인식을 이해하는 것은 이용자중심 서비스의 전제이며, 대상자가 기대하는 변화를 도모하기 위한 보다 효과적인 방안을 찾을 수 있는 기초자료로서의 중요성을 가짐

구 분	세부내용
현 상황	• 위에서 제시한 아동 및 가족의 욕구영역별 현 상황에 대한 인식을 고려하여 각 욕구영역별로 대상자가 경험한 어려움의 과정을 파악하되, 그 결과로써의 현재 상황에 초점을 두고 기술함. 대상자가 직접 언급하지 않은 영역이라 할지라도 일차적으로는 각 영역별로 빠짐없이 현 상황을 일차 점검함. 그 결과, 해당내용이 있는 영역 및 가장 일치되는 주요 욕구영역란을 활용하여 현 상황을 기록함 • 현 상황에 대한 평가는 TDI 설문조사와 병행하거나 TDI가 먼저 이루어진 경우는 이 설문항목을 참고하여 아동과 가족의 진술 등을 종합적으로 분석하여 기록함 • TDI에 대한 평가는 해당 영역의 TDI 지표를 활용하여 조사된 점수의 평균값을 기록함
강점 사정	• 각 욕구영역별로 야기되고 있는 주요 어려움을 완화하거나 해결하는 데 도움이 될 수 있으며, 잠재적 활용가치가 있는 개인의 내적, 가족이나 지역사회의, 유형 혹은 무형의 자원을 파악하여 기록함 • 강점내용이 발견되지 않는 영역의 경우 생략 가능 (원칙이나 우선순위로서 지속적인 관심을 가지고 찾아 활용해야 함) • 사정평가된 강점은 사례관리 과정에서 일차적으로 활용하기 위한 방안이 마련되어야 하며, 이러한 노력이 먼저 이루어질 수 있도록 개입계획을 수립하고, 이후에 필요한 서비스나 자원을 추가 제공할 때 아동과 가족의 역량강화가 가능해질 것임
장애물 사정	• 장애물은 욕구충족에 필요한 자원에의 접근을 방해하는 것으로서 대상자의 내면적 요인에서 환경적 요인에 이르기까지 다양하게 나타남 • 장애물 사정의 중요성은 장애물을 제거하거나 우회하는 등의 노력을 통해 좀더 구체적이고 실현가능한 계획수립의 기초가 된다는 점임
욕구 평가	• 욕구영역별 욕구충족 여부를 평가하여 해당하는 항목에 체크함 • 0. 비해당 1. 욕구충족 2. 욕구미충족 3. 미확인으로 구분함 0. 비해당은 해당 영역에 대한 욕구(변화 및 서비스의 필요)가 없는 경우임 1. 욕구충족은 해당 영역에 대한 욕구(변화 및 서비스의 필요성)는 있으나 현재 받고 있는 서비스를 통해 이러한 욕구가 충족되고 있는 상태로 지속적인 서비스가 불필요한 상태를 의미함 2. 욕구미충족상태는 해당 영역에 대한 욕구(변화 및 서비스의 필요성)가 있으며, 현재 서비스를 받고 있음에도 불구하고 욕구가 충족되지 않거나 어려움이 해결되지 않고 남아있는 경우, 혹은 필요한 서비스를 받고 있지 않아서 욕구미충족상태인 경우에 해당함 3. 미확인은 욕구 및 강점사정지를 작성할 시점까지 파악되지 않은 영역인 경우 미확인으로 구분함

구 분	세부내용
심각도	• 심각도 평가는 각각의 욕구영역별로 욕구 미충족상태로 표시한 항목에 대해서 욕구충족을 위한 서비스제공방식의 긴급성을 중심으로 평가함 • 심각도는 0~4점으로 구분하며 각각의 구분은 다음과 같음 "0–비해당"은 해당 영역에 대한 욕구가 없어 심각도측정이 해당되지 않는 경우임 "1–가벼움"은 현재 어려움이 발견되나 특별한 개입을 필요로 하지는 않고, 지켜보면서 추후 개입필요 여부에 대한 모니터링만 해도 되는 수준을 의미함 "2–중간"은 어려움의 정도가 심각하지는 않으나 상황의 악화를 예방하기 위한 차원에서의 개입이 필요한 수준을 의미함 "3–심함"은 어려움의 정도가 심각하여 현 거주상황에서 욕구를 해결하기 위한 적극적 개입이 필요한 상황을 의미함 "4–아주 심함"은 어려움의 정도가 심각하여 욕구해결을 위해서는 사례관리 대상자나 가족구성원의 일부를 현 주거지에서 즉각적으로 분리 혹은 격리를 통해 최소한의 안전확보 및 필요한 개입을 수행해야 하는 수준을 의미함 심각도의 수준은 개입의 우선순위를 결정하는 데 참고함
아동의 장래 희망, 주양육자의 삶의 비전 및 목표	• 월드비전 사례관리 사업은 아동과 가족의 기능향상 및 복지수준향상을 지향함 • 따라서 아동과 주양육자의 꿈, 삶의 비전과 목표를 확인하고 이를 현실화할 수 있도록 돕는 것은 사례관리의 중요한 지향점이라고 할 수 있음 • 따라서 욕구영역별로 미충족 욕구를 충족하기 위한 개입과 함께 이러한 욕구가 통합적으로 인식, 평가된 사례관리 대상자의 주체적인 삶의 비전 및 목표를 발견하는 일이 중요함 • 이를 발견하기 위한 질문은 "앞으로 가정을 어떻게 이끌어갈 계획이셨나요?" "어떤 방법을 통해 가정이 안정을 찾을 수 있을 것이라 생각하고 있었나요?", "사례관리서비스를 받기 전까지 어떤 삶을 계획하고 있었나요?" 등을 활용해 볼 수 있음
사례관리 담당자의 종합의견	• 욕구 및 강점사정지의 주요항목별로 요약기록을 한 후 최종적으로 본 사례에 대한 사례관리 담당자의 종합적 평가 및 기타 의견을 개인수준, 가족수준, 지역사회수준에서의 욕구 및 변화의 잠정적 목표를 기록함

〈서식 제3호 욕구 및 강점 사정지〉

<table>
<tr><th colspan="8">욕구 및 강점 사정지</th></tr>
<tr><td>아 동 명</td><td></td><td>등록아동 번호</td><td colspan="2"></td><td colspan="3">□ 신규
□ 재사정 ( ) 차</td></tr>
<tr><td>사례관리 담당자</td><td></td><td>소 속</td><td colspan="2"></td><td>작성 일자</td><td colspan="2"></td></tr>
<tr><td colspan="2" rowspan="3">영역별 주요 욕구</td><td rowspan="3">아동 및 주보호자의 인식</td><td colspan="5">사례관리 담당자 평가</td></tr>
<tr><td colspan="2">현 상황</td><td rowspan="2">강점/ 장애물 사정</td><td rowspan="2">욕구 평가</td><td rowspan="2">심각도</td></tr>
<tr><td>내용</td><td>지표</td></tr>
<tr><td>안 전</td><td>가족외부로부터의 생명 및 안전에 위협을 받거나 받을 가능성 감소 및 안전 확보. 가족 내 폭력 및 학대, 방임으로부터의 안전 확보 및 보호</td><td>계부가 아동을 때리는 것을 모는 아동이 말을 안 듣고, 자신을 힘들게 하는 것이 안타까워서 하는 행동이라고 생각하고 이에 대해 문제시하지 않고 있음</td><td>계부가 아동을 때리는 행동은 특히 모가 없을 때 더 심하나 모는 약화된 폭력만을 보고 계부의 행동을 용인하고 있음
그러나 실제폭력의 수위는 심각하고 모의 방임적 태도에 의해 더욱 강화되고 있음</td><td>안전
(안전습관, 방임, 학대)</td><td></td><td></td><td></td></tr>
<tr><td>건 강</td><td>신체건강의 완화 및 회복</td><td></td><td>1. 영양 상태 향상 정도
2. 자녀건강에 대한 인식</td><td></td><td></td><td></td><td></td></tr>
</table>

부록 2의 지표를 참고하여 해당 항목을 찾아 표시함. 옆칸의 기술적 평가내용과 지표를 통한 평가내용에 일관성이 있어야 할 것임

아래의 내용은 단순히 사실적 정보를 나열하는 것이 아니라, 이러한 정보를 토대로 사례관리 담당자의 종합적 평가 및 분석내용을 기록함. 특히 전반적인 내용이 아동 및 주보호자의 인식과 어떤 차이가 나는지, 왜 그러한 차이가 나는지가 분석되어야 함

각각의 욕구영역과 관련하여 아동과 그 가족은 이 상황을 어떻게 인식하고 있는지 그 주관적인 이해의 수준이나 의미를 탐색하여 기록함

영역별 주요 욕구		아동 및 주보호자의 인식	사례관리 담당자 평가					
			현 상황			강점/ 장애물 사정	욕구 평가	심각도
			내용		지표			
건 강	정서적인 문제, 정신건강 문제(술, 약물, 자살 등)의 완화 및 회복			1. 행복 지수 2. 부모의 정신 건강				
일상 생활	일상생활유지 및 일상생활 기능강화							
	여가활용능력 향상 및 여가 생활영위			주체적 참여 아동의 영향력 정도 (여가, 아동 청소년, 동아리 활동)				
가족 생활	간병 및 보육 부담완화			1. 양육 자신감 및 양육 태도 2. 교육 수준				
가족 생활	부부/부모-자녀관계의 개선 및 가족기능 강화			1. 가정 생활 및 관계 2. 부모 역할 수행, 참여, 자녀와의 관계				

영역별 주요 욕구		아동 및 주보호자의 인식	사례관리 담당자 평가				
			현 상황		강점/ 장애물 사정	욕구 평가	심각도
			내용	지표			
사회적 관계	친인척/이웃 등 사회적 관계의 개선 및 지지체계 강화			지역사회의 아동에 대한 보살핌 정도(아동 및 주민용)			
	사회생활 (학교, 직장 등 소속된 집단에서의 관계) 향상			아동이 미래에 희망을 갖게 되는 정도			
경 제	기초 욕구(의식주)의 충족						
	소득보장 및 향상						
교 육	학습능력강화 및 교육기회 확대			기초 학습 능력 향상도			
직 업	취(창)업 지원 및 직업적응력 강화						
생활 환경	주거환경문제의 개선						
	주변환경 문제의 개선			주체적 참여 아동의 영향력 정도 (문제해결능력)			
기 타							

<table>
<tr><th rowspan="3">영역별 주요 욕구</th><th rowspan="3">아동 및
주보호자의 인식</th><th colspan="5">사례관리 담당자 평가</th></tr>
<tr><th colspan="2">현 상황</th><th rowspan="2">강점/
장애물 사정</th><th rowspan="2">욕구
평가</th><th rowspan="2">심각도</th></tr>
<tr><th>내용</th><th>지표</th></tr>
<tr><td rowspan="3">아동의
장래희망</td><td rowspan="3"></td><td rowspan="3">아동의 꿈이나 장래희망을 탐색한다. 단순히 "~가 되고 싶다"는 것을 기록하는 것을 넘어서도 어떤 영향을 받고 그런 꿈과 장래희망을 갖게 되었는지, 이러한 꿈과 희망을 이룬다는 것이 아동의 삶에 어떤 의미를 주는 것인지에 대해 탐색함. 이러한 꿈과 희망을 실현하기 위해 아동은 어떤 노력을 하고 있으며, 가족들의 반응이나 지원 여부, 각각이 아동이 자신의 꿈을 실현하기 위한 노력에 어떤 영향을 미치는지를 분석하여 해당란에 기록함</td><td rowspan="3">1. 아동이 미래에 희망을 갖게 되는 정도
2. 교육 수준</td><td>지원체계</td><td></td><td rowspan="2"></td></tr>
<tr><td></td><td></td></tr>
<tr><td>스스로의
노력</td><td></td><td></td></tr>
<tr><td>부모,
주양육자의
삶의
비전,
목표</td><td>삶의 비전과 목표는 사례관리 참여자의 주관적인 진술을 중심으로 확인하며, 이러한 목표 달성을 돕는 자원 혹은 장애물을 파악하고 이를 개입계획 내로 통합하는 작업이 필요함
이러한 과정은 사례관리 담당자에게도 필요한 과정일 뿐만 아니라 사례관리 참여자에게도 사례관리의 과정이 단순히 필요한 서비스를 받는 수동적인 과정이 아니라 자신의 삶의 비전과 목표를 달성하기 위한 적극적이고 주체적인 과정임을 인식하도록 하는 데 그 초점이 있음</td><td></td><td></td><td></td><td></td><td></td></tr>
</table>

영역별 주요 욕구		아동 및 주보호자의 인식	사례관리 담당자 평가				
			현 상황		강점/ 장애물 사정	욕구 평가	심각도
			내용	지표			
사례관리 담당자 종합 의견	개인수준	개인적 차원에서 야기되는 문제나 어려움의 요약 및 이를 근거로 긍정적인 변화목표(예, 개인의 내적 혹은 사회적 기능의 변화를 의미)를 기술함 예, 아동은 부적절한 양육환경에서 자신을 보호하기 위한 기술, 타인과의 긍정적 관계를 맺는 기술을 학습할 기회를 갖지 못하여, 갈등이 생기거나 스트레스를 받으면 자해를 하거나 친구들에게 폭력을 행사함. 심리치료 등을 통해 자신 및 친구를 보호하고 언어적 의사소통을 통해 문제를 해결할 수 있는 역량을 키울 필요가 있음					
	가족수준	예, 부모의 장애로 인해 자녀를 적절하게 돌보거나 가정을 제대로 돌보지 못하는 것을 자녀들이 원망하고 현재 겪는 문제를 부모의 장애에 초점화하고 있음. 그러나 자녀들도 청소년기에 접어들어 좀더 책임 있는 역할을 감당할 수 있는 연령이며, 장애가 있는 부모의 역량을 끌어내기보다 자녀들에게 이러한 문제가 반복되지 않도록 하는 예방적 접근이 필요함. 따라서 단순 가사지원서비스가 아닌 자녀들이 집안일을 스스로 할 수 있는 역량을 키울 수 있는 접근이 필요함					
	지역사회수준	아동, 장애부모 각각에 대한 접근으로 지역사회의 서비스제공기관이 8개나 관여된 가정임. 서비스제공자들 간에 아동과 가정이 경험하는 어려움에 대한 인식, 서비스의 방향성에 대한 인식이 서로 달라 가족구성원에게 서로 다른 메시지를 줌으로써 결과적으로 서비스제공자들에 대한 불신을 확대하고 있음. 따라서 통합적 사례회의 등을 통해 가족구성원 각각에 대한 개입의 방향성, 목표 등을 공유하기 위한 노력이 필요함					

개인, 가족, 지역사회(비공식적 지지체계나 서비스제공기관이나 제공자)수준에서 현재 나타나는 문제나 어려움의 원인, 나타나는 현상분석, 잠정적 대안이나 개선책의 형태로 기술함

4) 동기강화 상담과정

동기강화 상담과정은 사례관리 참여자의 욕구파악, 사례관리의 목표설정, 목표를 달성하기 위한 구체적인 계획수립 과정을 연결하고 통합하기 위한 과정이다. 따라서 동기강화 상담은 욕구사정, 목표설정을 위해 사례관리 참여자와 개별면담을 하는 과정과 함께 이루어질 수 있으며, 동기강화만을 목표로 별도의 시간을 할애하여 상담할 수 있다. 중요한 것은 각각의 과정이 기계적으로 분절되어서는 안 된다는 것이며, 욕구파악–목표설정–계획수립이라는 과정이 결과적으로 목표달성을 위한 과정이라고 할 때 사례관리 과정에 참여하고 협력적으로 노력하기 위한 사례관리 참여자의 동기를 강화한다는 것이 가장 중요한 과업이라는 것이다. 즉, 동기강화 상담은 실행계획을 수립하기 위한 전 단계에만 이루어지는 것은 아니지만 가장 중요하게 다루어져야하는 시기라는 의미에서 그 중요성을 인식하는 것이 필요하다. 동기강화 상담과정에서 이루어지는 활동은 사례관리 과정기록지에 구분하여 기록한다.

5) 실행계획 수립

실행계획 수립은 사정평가를 통해 밝혀진 내용에 기반을 두고 달성하고자 하는 변화목표를 분명히 하며, 이러한 변화목표를 달성하는 데 적절한 서비스의 패키지를 구성해가는 논리적인 과정이라 할 수 있다. 따라서 적절한 사정이 이루어져야 적절한 목표, 적절한 수행방법을 계획할 수 있다. 즉, 계획이란 사례관리 담당자나 서비스 제공자들에게 서비스의 방향을 제시하고 협력을 도모하게 하는 일련의 과정이라 할 수 있으며, 변화목적을 분명히 하고 이러한 목적달성에 필요한 수단인, 구체적인 활동계획을 수립하는 과정이다.

실행계획의 수립 및 계획서의 작성은 사정단계에서 파악된, 사례관리 참여자와 그 가족이 처한 상황과 그에 따른 서비스욕구, 문제해결방향에 대한 욕구를 근간으로 하되 사례관리 담당자의 전문적 판단이 종합적으로 고려되어 변화목표와 이에 따른 서비스제공 및 연계의 구체적인 계획을 수립하는 단계이다.

실행계획 역시 사정평가와 마찬가지로 참여자의 욕구 및 상황의 변화에 민감한, 현실적 계획이 필요하므로 이러한 변화가 생겼을 경우에는 수시 재사정 혹은 정기 재사정을 통해 변화된 내용이 반영된 보호계획의 갱신이 필요하다.

초기상담에서부터 1차 실행계획을 수립하는데 소요되는 기간은 1개월이 넘지 않도록 하며, 실행계획의 갱신주기를 고려하여 계획의 주요 내용은 통합형인 경우 3개월 이내에 수행할 내용을 중심으로 작성한다.

① 실행계획서

〈서식 제4호 실행계획서〉의 작성은 사정단계에서 파악된 참여자와 그 가족이 처한 상황과 그에 따른 서비스욕구, 문제해결방향에 대한 욕구를 근간으로 한다. 이를 토대로 사례관리 담당자의 전문적 판단이 종합적으로 고려되어 변화목표와 이에 따른 서비스제공 및 연계의 구체적인 계획을 수립하는 내용으로 구성되어 있다. 실행계획서는 변화목표달성을 위해 기본적으로 아동과 주 양육자의 자발적인 노력을 도모하며, 자신의 삶의 변화를 가져오기 위해 스스로 기여할 수 있는 방안을 모색할 수 있도록 한다. 이러한 노력을 구체화시켜 반영하도록 하며, 이후 추가적인 지원방안을 비공식적 지지체계를 포함한 서비스제공자들의 역할을 강조하도록 한다. 실행계획의 수립은 역시 사정평가와 마찬가지로 참여자의 욕구 및 상황의 변화에 민감한, 현실적 계획이 필요하므로 이러한 변화가 생겼을 경우에는 수시 재사정 혹은 정기 재사정을 통해 변화된 내용이 반영된 계획의 갱신이 필요하다. 계획의 정기적인 갱신은 분기별로 실시한다.

서식의 세부항목에 대한 설명 및 작성방법은 다음과 같다.

〈표 3-4〉 실행계획서 항목설명 및 작성방법

구 분	세부내용
등록 아동 번호	• 등록아동번호는 사례관리 참여자로 등록한 사례에 대한 고유번호를 의미하며 본부에서 생성한 번호체계를 기록함 • 일반아동을 등록할 경우는 연도-일련번호의 형태로 기록함 • 예, 2010년에 5번째로 등록한 사례인 경우는 “2010-005” 로 기록함
사례 관리 담당자	• 본 기록지는 사례관리 담당자가 작성하도록 하며, 중간에 사례관리 담당자가 바뀐 경우에는 기존자료를 참고로 하되, 최종기록에 대한 확인은 최종담당 사례관리 담당자가 함
작성일	• 본 기록지를 작성 완료한 날짜를 기록함
수행 기간	• 본 계획서가 유효기간을 의미함. 즉, 본 계획대로 사례관리를 진행할 기간을 설정하는데, 재사정주기가 6개월~2년 주기임을 감안하면 대개의 계획서는 6개월 ~2년 주기가 적절함. 주기에 따라 갱신을 하되 구체적인 내용에 대한 변화가 없을 경우에는 기존계획을 유지하는 사유를 기록한 후 수행기간을 수정하여 활용할 수 있음
변화 목표	• 장기 변화목표란 다양한 서비스제공을 통해 궁극적으로 변화를 가져오기 위한 영역 및 각 영역별 변화의 양과 질에 대한 기대치를 기록함. 본 사업에서 장기변화목표는 아동과 그 가족의 삶에 어떤 변화를 기대할 수 있는지를 중심으로 기록함 • 욕구영역별 변화목표는 목표달성의 수월성, 복잡성 등에 대한 종합적 고려를 통해 사례관리 참여자와 합의하여 변화목표를 설정하되, 목표를 제시하는 이유는 사례관리과정을 통해 궁극적으로 참여자와 그 가족에게 기대되는 측정가능한, 혹은 객관적으로 판단이 가능한 변화상태를 규정하는 데 있음
서비스/ 과업 내용	• 이상의 장단기목표를 달성하는데 필요한, 투입되어야 할 서비스 및 프로그램의 내용, 양, 기간에 대한 계획임. 즉, 개입목표와 실행계획 내용은 상호 밀접한 관련을 가지고 있어야 할 뿐 아니라 논리적 타당성을 가져야 함. 즉, 특정한 변화를 가져오기 위해 과연 이 프로그램이나 서비스가 적절한지, 혹은 이 프로그램이나 서비스를 충분히 제공한다면 장 · 단기목표로 설정한 그 결과를 달성할 수 있을 것인지에 대한 충분한 근거를 가지고 계획을 수립하여야 함
개입 대상	• 누구를 접촉하여 개입해야 하는지를 구분하여 기록함 1-아동, 2-주양육자, 3-형제자매, 4-기타 동거가족, 5-비동거가족, 친인척, 이웃 등 비공식 지지체계, 6-학교, 직장, 교회 등 소속집단구성원, 7-서비스기관의 담당자, 8-기타로 구분하여 해당하는 번호를 기입함

구 분	세부내용
개입 내용	• 사례관리 담당자의 개입활동 중 회기별 주요 초점을 기준으로 1개의 내용을 선택하여 기입함 1–정보제공(단순정보, 기관정보), 2–상담서비스제공(교육, 조언, 정서적 지지 등 비물질적 서비스제공), 3–집단상담, 4–교육, 5–문화활동, 6–경제적 지원, 7– 자원탐색 및 연결활동, 8–자원개발 및 조정, 9–옹호활동, 10–기타 • 1~6은 참여자에 대한 직접서비스이며, 7~9는 간접서비스임
우선 순위	• 각 서비스목표 중 가장 긴급성을 요하는 것, 참여자와 그 가족이 우선순위를 높게 두는 것, 서비스가 미뤄질 경우 다른 욕구영역에까지 새로운 문제유발 혹은 욕구발생 가능성이 높은 경우, 같은 노력을 투입했을 경우 가장 큰 효과를 거둘 수 있는 것 등에 대한 종합적 고려를 통해 참여자와의 합의에 기반한 서비스 우선순위를 선정함
개입 시기	• 긴급성, 현실적 개입가능시기 등을 고려하여 각각의 서비스내용별로 1주일 이내, 한 달 이내, 3개월 이내 등 예상개입시기를 설정하여 시간제한적인 개입활동이 이루어질 수 있도록 함 • "우선순위"와 함께 사례관리의 효율적 추진을 위해 서비스가 적시에 이루어질 필요가 있음
서비스 기간 및 횟수	• 서비스 기간 및 횟수는 서비스의 충분성과 연관되어 있음. 즉, 서비스를 통해 기대되는 성과를 도출하기 위해 얼마만큼의 서비스가 제공될 필요가 있는지, 그 투입량에 대한 잠정적 계획의 의미를 지님. 그러나 외부기관에 의뢰하여 서비스를 제공하는 경우는 그 기관의 서비스제공 지침에 의존할 수밖에 없으므로 그 기관의 서비스제공 지침을 고려하여 서비스기간 및 횟수를 구체적으로 기록함
제공 기간 및 담당자	• 기관의 명칭과 실제로 서비스제공의 일차책임을 수행하는 기관의 담당자명을 파악, 기록하여 주기적인 모니터링채널을 구축하도록 함
수행 방법	• 수행방법은 사례관리 참여자로 등록할 시점까지 파악한 정보를 토대로 잠정적인 서비스 수행방법을 기록함 수행방법의 구분은 1. 기존 내부자원연결, 2. 기존 외부자원연결, 3. 신규 내 · 외부자원개발, 4. 사례관리 담당자의 직접 수행, 5. 사례관리 참여자의 직접 수행, 6. 기타로 구분하여 표시함

〈서식 제4호 실행 계획서〉

실행 계획서

( )차 년 월 일
~ 년 월 일

등록아동번호 :	참여자명 :	사례관리 담당자 : 소속기관 :
장기변화 목표	아동과 가족에게 기대할 수 있는 변화의 내용을 기록하며, 아동, 가족, 지역사회차원의 변화를 각각 구분하여 기록할 수 있으며, 해당하는 차원에 국한하여 (예, 모의 상위학위취득 통해 안정적 직업기반 조성) 목표를 설정할 수 있음	

욕구영역별 합의한 변화목표	서비스/과업 내용	대 상	우선순위	개입시기					수행기간	횟수 (회 · 1주당)	제공기관	담당자	수행방법
				1주 이내	한 달 이내	3개월 이내	6개월 이내	1년 이내					
				향후 1주일 이내에는 개입이 이루어져야 하는 경우	향후 1주일 이내에는 개입이 이루어져야 하는 경우	향후 3개월 이내에는 개입이 이루어져야 하는 경우	향후 6개월 이내에는 개입이 이루어져야 하는 경우	향후 1년 이내에는 개입이 이루어져야 하는 경우	해당 서비스가 얼마나 지속되어야 하는지를 중심으로 기록 (예, 1~6월)				

본인은 ____년__월__일부터 상기와 같은 서비스 이용에 동의하며, 적극적으로 변화 노력에 동참할 것을 약속합니다. 또한 더 나은 생활지원을 위해 협력하는 기관들과 본인 및 가족의 기초정보 및 서비스진행과정에 대한 정보를 공유하는 것에 대해 동의합니다.

아동 성명 : (인) 날 짜 :

주양육자 성명 : (인) 날 짜 :

사례관리 담당자 : 인) 날 짜 :

6) 직접 서비스 제공

직접 서비스 제공은 실행계획에 의하여, 사례관리 담당자 및 기관 내부의 서비스를 통해 제공되는 서비스를 의미한다. 서비스내용은 사례관리의 목적 및 목표를 달성하는 데 기여하는 내용을 중심으로 구성한다. 직접 서비스 형태는 개별접근과 집단접근으로 구분할 수 있으며, 개별접근은 사례관리 참여자 및 가족에 대한 개별상담을 중심으로 이루어지며, 집단접근은 사례관리 참여자 및 가족들 중에서 특정 욕구를 가진 집단을 구성하여 집단교육이나 집단상담의 형태로 서비스를 제공한다. 직접 서비스 중에서 사례관리 담당자가 가장 염두에 두어야 하는 것은 지속적인 동기강화상담이다. 이는 사례관리의 목적 및 목표를 재인식하고 협력적으로 노력하는 데 필요한 초기과업으로의 성격을 갖는다. 즉, 직접 서비스의 대부분이 다른 서비스제공자에 의해 제공되는 프로그램으로 구성되어 있다할지라도 이러한 프로그램의 의미나 결과에 대해 사례관리 참여자의 현실적인 기대감을 강화하며, 참여의지를 강화하기 위한 노력이 전제되어야 한다.

7) 간접 서비스 제공

간접 서비스 제공은 실행계획에 의하여, 등록 · 관리하고 있는 사례관리 참여자 및 그 가족에게 필요한 서비스나 자원을 연계하여 제공하기 위해 지역사회의 유관기관 및 서비스제공자에게 영향력을 행사하기 위한 활동을 의미한다. 특정사례관리 참여자의 욕구충족에 필요한 지역사회자원을 획득하기 위해 정보수집이나 자원개발, 자원조정 혹은 신규서비스의 개발을 포함한 다양한 수준의 활동이 이루어질 수 있다. 따라서 연계활동기관의 다양화와 활성화는 사례관리사업을 수행하는데 있어서 중요한 업무수행지표가 된다.

(1) 사례관리 과정 기록지

〈서식 제5호 사례관리 과정 기록지〉는 사례관리 수행과정에 대한 주요 정보를 기록한다.

과정기록에서 중요하게 관리해야 하는 정보는 회기당 주요 개입목표, 개입대상, 개입내용, 접촉방법, 서비스 제공시간, 추후계획 등이며 세부항목에 대한 설명 및 작성방법은 아래와 같다.

〈표 3-5〉 사례관리 과정 기록지 항목 설명 및 작성방법

구 분	세부내용
날짜	• 개입이 이루어진 실제 날짜를 기록함
이름	• 사례관리 참여자의 이름을 기록하며, 본인이 아닌 경우에도 사례관리 참여자의 이름을 기록함
개시 방법	• 개시방법은 접촉을 개시한 주체에 대한 정보를 기록함 • 1-인바운드(사례관리 참여자가 전화나 내소를 하여 상담을 하게 된 경우, 대개 시간 약속을 하지 않고 사례관리 참여자가 접촉시도를 하는 것에 대한 반응으로 개입이 개시되는 경우), 2-아웃바운드(사례관리 담당자가 계획적, 의도적으로 접촉을 시도한 경우임. 따라서 미리 시간약속을 해서 사례관리 참여자가 찾아오거나 전화를 걸어온 경우는 아웃바운드임), 3-기타
합의한 변화 목표	• 주요 욕구 및 개입목표는 당일 개입의 주요 내용이나 주요 개입의 방향을 통해 가장 초점을 두고 이루어진 활동을 중심으로 선정함 1. 가족 외부로부터의 생명 및 안전에 위협을 받거나 받을 가능성 감소 및 안전확보 2. 가족 내 폭력 및 학대,방임으로부터의 안전 확보 및 보호 3. 신체건강문제의 완화 및 회복 4. 정서적인 문제, 정신건강문제(술, 약물, 자살 등)의 완화 및 회복 5. 일상생활유지 및 일상생활기능강화 6. 여가활용능력향상 및 여가생활영위 7. 간병 및 보육부담완화 8. 부부/부모-자녀관계의 개선 및 가족기능강화 9. 친인척/이웃 등 사회적 관계의 개선 및 지지체계 강화 10. 사회생활(학교,직장 등 소속된 집단에서의 관계) 향상 11. 기초 욕구(의식주)의 충족

구 분	세부내용
합의한 변화 목표	12. 소득보장 및 향상 13. 학습능력 강화 및 교육기회 확대 14. 취(창)업 지원 및 직업적응력 강화 15. 주거환경문제의 개선 16. 주변 환경문제의 개선 17. 기타(구체적으로 기록)
사례 관리 과정	• 사례관리과정은 현재의 개입활동이 사례관리의 전체 과정 중 어떤 단계를 위한 활동인지를 구분하여 기록함. 물론 개입의 과정은 복합적인 내용이 포함되어 있지만 그 회기의 가장 초점이 되는 과정을 중심으로 선택하여 기록함 • 즉, 사례발굴 및 정보수집을 위한 활동인지, 사정평가 및 개입계획을 수립하기 위한 활동인지, 직접 혹은 간접적 개입활동인지, 서비스 점검 및 평가의 과정인지, 종결 및 사후관리를 위한 활동인지를 구분하여 기록함 • 동기강화상담은 수행계획을 수립하기 전에 이루어진 것은 4–동기강화상담으로 구분하고 계획수립 이후 서비스제공과 함께 지속적인 동기강화상담이 이루어진 것은 8–수행/직접서비스로 구분하여 기록함 • 구체적인 항목은 다음과 같음 1–접수상담, 2–등록상담, 3–사정평가, 4– 동기강화상담, 5–계획수립, 6–수행/내부자원연계, 7–수행/외부자원연계, 8–수행/직접서비스, 9–수행/모니터링 상담/사례관리, 10–수행/모니터링 상담/프로그램, 11–점검 및 평가, 12–종결, 13–사후관리, 14–기타로 구분하여 해당하는 항목의 번호를 기입함
개입 대상	• 현재 누구를 접촉하여 개입하고 있는지를 구분하여 기록함 1–아동, 2–주양육자, 3–형제자매, 4–기타 동거가족, 5–비동거가족, 친인척, 이웃 등 비공식 지지체계, 6–학교, 직장, 교회 등 소속집단구성원, 7–서비스기관의 담당자, 8–기타로 구분하여 해당하는 번호를 기입함
개입 내용	• 당일 사례관리 담당자의 개입활동 중 회기별 주요 초점을 기준으로 1개의 내용을 선택하여 기입함 1–정보제공(단순정보, 기관정보), 2–상담서비스제공(교육, 조언, 정서적 지지 등 비물질적 서비스제공), 3–집단상담, 4–교육, 5–문화활동, 6–경제적 지원, 7–자원탐색 및 연결활동, 8–자원개발 및 조정, 9–옹호활동, 10–기타 • 1~6은 참여자에 대한 직접 서비스이며, 7~9는 간접 서비스임
접촉 방법	• 접촉방법은 개입활동이 이루어진 방법을 구분하여 기록함 • 1–전화, 2–내방, 3–가정방문, 4–기관방문, 5–인터넷상담, 6–기타

구 분	세부내용
서비스 제공 시간	• 당일 서비스가 제공된 시간을 10분 단위로 기록함 • 당일 서로 다른 접촉방법을 통해 수차례의 서비스가 제공된 경우는 각각의 내용을 별도로 구분하여 개입시간을 기록함 • 가정방문이나 지역사회방문상담은 방문을 위해 소요되는 교통시간은 제외하고 실제적인 개입활동이 이루어진 시간만을 기록함
담당자	• 당 회기의 개입을 수행한 사람의 이름을 기록함. 이는 대개의 경우는 사례관리 담당자이나 경우에 따라 한 사례관리 참여자에 대해 내부의 다른 인력이 해당 서비스를 수행한 경우에는 담당자의 이름을 기록함
주요 개입 내용	• 당 회기의 주요 개입내용을요약하여 기록함

〈서식 제5호 사례관리 과정기록지〉

사례관리 과정기록지												
날 짜	아동명	등록 아동 번호	개시 방법	개입 목표 영역	합의한 변화 목표	사례 관리 과정	개입 대상	개입 내용	접촉 방법	서비스 제공 시간	담당자	주요 개입 내용

8) 자원목록화 및 네트워크 활동

(1) 자원목록화

자원목록화는 사례관리를 통해 개발, 활용되고 있고 자원을 공유하고 그 활용도를 높이기 위한 작업이다. 개별 사례관리 담당자가 개발한 자원이 공유되지 않는다면 그 자원은 개인의 자원이나 다름없기 때문이다.

월드비전이 사례관리 활동을 수행하면서 자원으로 연계한 내 · 외부 자원을 기록하는 지침과 양식은 아래와 같다.

〈표 3-6〉 자원목록 기록지 항목설명 및 작성방법

번 호	문 항	내 용 ■ 기타의 경우, 그 내역을 기록하여 주시기 바랍니다.
1-1	자원명	월드비전과 연계활동을 진행했던(하고 있는) 자원/서비스의 이름을 그대로 적어주시기 바랍니다. 예) 손짓사랑
1-2	기관명	1-1에서 밝힌 자원/서비스가 속한 법인, 기관, 단체, 기업(업체), 동아리, 학교, 개인 등의 이름을 구체적으로 기록해 주십시오(자원의 성격을 알 수 있도록 기록하시고, 자원명이 기관명과 일치하는 경우는 1-1과 동일하게 적으셔도 됩니다). 예) 한국대학교 사회복지학과 내 대학생 수화동아리
2	자원 출처	① 내부 : 월드비전의 동일 법인 내 기관, 단체 또는 직원 ② 외부 : 내부 이외 ③ 본부 : 월드비전 본부
3	자원 성격	① 공공부문 : 국가 · 지자체 · 공립, 공단이나 공사 ② 민간비영리부문 : 공공의 출현기관이 아닌 민간 비영리기관이나 단체 ③ 민간영리부문 : 영리기관, 영리기관의 단체나 모임 ④ 비공식부문 : 기관이나 단체에 소속되지 않은 개인
4	자원 영역	① 복지 ② 교육 ③ 행정 ④ 보건 · 의료 ⑤ 아동보호 ⑥ 사법 · 법률

번호	문항	내용 ■기타의 경우, 그 내역을 기록하여 주시기 바랍니다.
4	자원 영역	⑦ 문화 ⑧ 업체나 기업 ⑨ 자발적 봉사조직(기업봉사조직 포함) ⑩ 기타( )
5	신규 자원 여부	① 기존 (모 기관) 자원 : 복지관/가정개발센터에서 기존에 연계하고 있었던 자원 ② 신규 자원 : 기존 자원 외 복지관/가정개발센터가 신규로 당해 연도에 개발한 자원
6	연계 경로	① 복지관/가정개발센터에서 연계 요청함 ② 연계 자원이 복지관/가정개발센터에 연계 의사 밝힘 ③ 서비스 이용자가 연계해 줌 ④ 제3자연계 해줌 ⑤ 기타( )
7	연계 공식화 정도	① 구두 · 대면접촉 ② 문서화(공문 등) ③ 계약 · 협약 ④ 법 · 제도에 의한 위임(명령) ⑤ 기타( ) • 연계활동 도중, 연계 공식화에 전환이 있었다면, 예) 초기에는 구두 · 대면으로 접촉하다가, 이후에 계약 · 협약이 이루어졌다면 ① → ③(2007. 5. 20. 계약 · 협약일시)로 기록
8	연계 사업 영역	1. 아동 및 가족지원영역 ① 기본생활 ② 심리 · 정서 ③ 발달 · 문화 ④ 건강 ⑤ 경제 ⑥ 보호 가족지원 영역 ⑦ 사회적 관계 ⑧ 사법 · 법률 ⑨기타(월드비전에 영역에 부합되는지 검토 필요) 2. 지역사회영역 ① 지역자원 개발 ② 협의체 구축 ③ 지역자원(봉사) 조직

번호	문항	내용 ■ 기타의 경우, 그 내역을 기록하여 주시기 바랍니다.
8	연계 사업 영역	④ 홍보 ⑤ 후원조직 ⑥ 기타 3. 기타(　　) • 기록방식 : 연계사업이 아동지원영역 중 기초생활영역이라면 1–①로 기록
9	연계사업 내용	위(8) 연계사업영역의 구체적인 연계사업 내용을 기록해 주십시오.
10	연계사업 횟수 · 방향	연계사업 내용별로 연계횟수를『발신』,『수신』으로 구분하여 기록해 주십시오. • 발신 : 월드비전에서 연계 제안 · 의뢰한 경우 • 수신 : 연계 자원 측에서 연계 제안 · 의뢰한 경우
11	연계내역	① 정보 교환(지역정보, 자료, 조언 제공 등) ② 물적 자원 교환(시설, 기자재, 자금 등) ③ 인적 자원 교환(직원, 자원봉사자 등) ④ 서비스 교환 ⑤ 사례관리 참여자 의뢰(혹은 의뢰받음) ⑥ 사례관리 참여자의 공동회의와 공동 사례관리 ⑦ 사업의 공동기획과 수행 ⑧ 기타(　　)
12	연계내역 내용	위(11번) 연계내역의 구체적인 내용을 기록해 주십시오.
13	연계내역 횟수 · 방향	연계내역별로 연계횟수를『발신』,『수신』으로 구분하여 기록해 주십시오. • 발신 : 월드비전에서 연계 제안 · 의뢰한 경우 • 수신 : 연계자원 측에서 연계 제안 · 의뢰한 경우
14	연계 주도성	① 월드비전이 거의 주도(발신 80% 이상) ② 월드비전이 대체로 주도(발신 60~80% 이하) ③ 중간(발신 50% 내외) ④ 연계자원이 대체로 주도(발신 20~40% 이하) ⑤ 연계자원이 거의 주도(발신 20% 이하)
15	연계협력 수준	① 매우 낮음 ② 낮음 ③ 중간 정도 ④ 높음 ⑤ 매우 높음
16	연계신뢰 수준	① 매우 낮음 ② 낮음 ③ 중간 정도 ④ 높음 ⑤ 매우 높음
17	연계협력 만족도	① 매우 낮음 ② 낮음 ③ 중간 정도 ④ 높음 ⑤ 매우 높음

〈서식 제6호 자원목록 기록지〉

번호	1	2	3	4	5	6	7	8	9	10	11		12	13	14		15	16	17	18
연번	자원명	기관명	자원출처	자원성격	자원영역	신규연계	연계경로	공식화정도	연계사업영역	연계사업내용	연계사업횟수		연계내역	연계내역내용	연계내역횟수		연계주도성	연계협력수준	연계신뢰수준	연계협력만족도
											발신	수신			발신	수신				
1																				
	담당자명 :								연락처 :					E-mail :						
2																				
	담당자명 :								연락처 :					E-mail :						
3																				
	담당자명 :								연락처 :					E-mail :						
4																				
	담당자명 :								연락처 :					E-mail :						
5																				
	담당자명 :								연락처 :					E-mail :						
⋮																				
	담당자명 :								연락처 :					E-mail :						

출처 : 한국자원봉사협의회 · 숭실대학교 (2007). 우리아이 희망네트워크 지원사업 성과평가 연구.

(2) 네트워크 활동 기록지

〈서식 제6호 네트워크 활동 기록지〉는 네트워크 활동내용을 요약하여 기록하기 위한 양식으로 자원목록을 기반으로 이뤄진다.

네트워크 활동은 연계활동과 구분하여 특정 사례관리 참여자를 위한 활동이 아닌, 불특정 대상이나 잠재적인 사례관리 참여자를 위해 지역사회의 자원을 탐색하고 개발하기 위한 활동기록으로 활용한다. 즉, 특정 대상을 위한 활동은 연계현황에 기록을 하며 불특정 대상을 위한 활동내용을 중심으로 기록한다.

네트워크 활동은 네트워크의 수준 혹은 네트워크 활동의 목적별로 자원탐색 및 개발, 자원조정, 공식협약체결, 신규협력 사업개발 등으로 구분하며, 각각의 목적으로 사례관리 담당자가 수행한 활동의 건수를 기록한다.

하위항목에 대한 설명 및 작성방법은 다음과 같다.

〈표 3-7〉 네트워크 활동 기록지 항목설명 및 작성방법

구 분	세부내용
날짜	• 활동이 이루어진 실제 날짜를 기록함
자원명	• 자원명은 월드비전과 연계활동을 진행했던(하고 있는) 기관, 단체, 동아리, 기업, 업체, 학교, 개인 등의 명칭(이름)을 구체적으로 기록해 주십시오.(자원의 성격을 알 수 있도록 기록) 예) 다솜(한국대학교 봉사 동아리)
기관명	1-1에서 밝힌 자원/서비스가 속한 법인, 기관, 단체, 기업(업체), 동아리, 학교, 개인 등의 이름을 구체적으로 기록해 주십시오(자원의 성격을 알 수 있도록 기록하시고, 자원명이 기관명과 일치하는 경우는 1-1과 동일하게 적으셔도 됩니다). 예) 한국대학교 사회복지학과 내 대학생 수화동아리
자원 출처	1. 내부 : 월드비전의 동일 법인 내 기관, 단체 또는 직원 2. 외부 : 내부 이외 3. 본부 : 월드비전 본부
자원 성격	1. 공공부문 : 국가 · 지자체 · 공립, 공단이나 공사 2. 민간비영리부문 : 공공의 출현기관이 아닌 민간 비영리기관이나 단체 3. 민간영리부문 : 영리기관, 영리기관의 단체나 모임 4. 비공식부문 : 기관이나 단체에 소속되지 않은 개인

구 분	세부내용
자원 영역	1. 복지 2. 교육 3. 행정 4. 보건 · 의료 5. 아동보호 6. 사법 · 법률 7. 문화 8. 업체나 기업 9. 자발적 봉사조직(기업봉사조직 포함) 10. 기타(　)
목적 및 주요 활동	• 네트워크활동의 세부내용 1–자원탐색 및 개발(기관홍보/조직에 대한 특정정보문의/탐색/확인/후원개발/자원연결), 2–자원조정(기관/조직의 기존정책이나 지침, 수행방법에 대한 변화요청), 3–신규사업개발/평가(신규서비스/사업공동개발논의/수행 중인 공동사업운영/평가), 4–정책 및 제도변화, 5–기타로 구분하여 해당번호를 기입함 • "1. 자원탐색 및 개발"은 지역사회에 본 기관의 취약가족역량강화사업을 소개하고, 취약가족역량강화사업의 잠재적 참여자군에게 필요한 지역사회자원을 탐색하고 연계가능성을 타진하기 위한 활동을 의미함. 즉, 실제적인 연계활동이 이루어지기 전 단계이며, 해당기관 자원의 특성 및 주요 서비스 대상, 제공량 등을 파악하기 위한 목적의 활동을 구분하여 기록함 • "2. 자원조정" : 대개의 사례관리 참여자들의 미충족 욕구는 서비스에 대한 정보부족뿐만 아니라 제공자중심의 서비스로 인해 서비스에 대한 접근이 어려운 경우, 서비스로부터 배제된 경우에 발생함. 따라서 지역사회기관의 서비스 제공방식이나 범위에 변화를 가져오도록 하는, 자원조정활동은 사례관리활동의 핵심이라 할 수 있음. 즉, 자원조정이라 함은 지역사회의 서비스 제공기관에 대한 이미 알고 있는 정보를 토대로 하며, 기관의 서비스 원칙이나 내용, 빈도, 범위 등에 변화를 주어야만 취약가족 역량강화를 위한 자원으로 활용가능한 경우에 이를 도모하기 위한 사례관리 담당자의 활동을 기록함 • "3. 신규사업개발/평가" 신규 협력사업은 네트워크 활동의 결과물임. 즉, 기관 간의 협력을 통해 각 기관이 수행하지 않았던 새로운 사업을 연합하여 수행하거나, 기존에 단독으로 수행하던 유사한 사업을 보완 및 연합하여 수행함으로써 시너지를 얻기 위한 목적으로 개발 및 이를 유지하기 위한 활동에 대한 내용일 경우 이를 기록함 • "4. 제도 및 정책변화"는 네트워크를 통해 지역사회의 제도 및 정책변화를 목적으로 활동할 경우 이를 기록함 • "5. 기타"는 위의 구분에 해당하지 않는 내용을 기록함
접촉 방법	• 접촉방법은 개입활동이 이루어진 방법을 구분하여 기록함 1–팩스/인터넷/공문/소식지 발송 등의 간접적 접촉, 2–전화, 3–내관(상대기관실무자가 찾아온 경우), 4–기관방문(사례관리 담당자가 상대기관, 제3의 기관에서 접촉한 경우), 5–기타
접촉 대상	• 1–불특정인, 2–담당실무자, 3–중간관리 담당자, 4–조직/기관 대표, 5–기타로 구분하여 해당번호를 기입함

구 분	세부내용
소요 시간	• 당일 투입된 활동시간을 10분 단위로 기록함 • 당일 서로 다른 접촉방법(전화+내소+기관방문)을 통해 수차례의 활동이 수행된 경우는 각각의 내용을 별도로 구분하여 시간을 기록함 • 기관방문은 방문을 위해 소요되는 교통시간은 제외하고 실제적인 개입활동이 이루어진 시간만을 기록함
담당자	• 당 회기의 개입을 수행한 사람의 이름을 기록함. 이는 대개의 경우는 사례관리 담당자이나 경우에 따라 한 사례관리 참여자에 대해 내부의 다른 인력이 해당 서비스를 수행한 경우에는 담당자의 이름을 기록함
주요 활동 내용	• 당 회기의 주요 활동내용을 요약하여 기록함

〈서식 제7호 네트워크 활동기록지〉

네트워크활동기록지

날짜	자원명	기관명	자원 출처	자원 성격	자원 영역	목적 및 주요 활동	접촉 방법	접촉 대상	소요 시간	담당자	주요 활동내용

9) 서비스 점검 및 평가

서비스 점검은 일반적인 사회복지실천과정에서 중요한 단계이며, 특히 사례관리과정에서의 점검은 개입계획서(ISP)에 충실한 실천을 하고 있는지, 실천의 과정을 통해 변화목표를 잘 달성해가고 있는지, 사례관리 참여자의 상황이나 서비스 환경에 변화가 없는지를 종합적으로 점검하는 과정이다. 사례관리에서는 대부분의 실질적인 도움이 사례관리 담당자를 포함한 자원제공자들에 의해 이루어진다. 점검을 위한 준거틀은 사정내용이고, 점검내용은 ISP와 서비스 계약서가 될 것이다. 이때 주의해야 할 내용은 점검은 더 적절한 지원을 위한 것에 초점이 있으며 상대편의 활동을 감시하거나 평가하는 활동이 아니라는 점을 분명히 하는 것이다.

서비스 점검 및 평가는 실행계획대로 서비스가 제공되고 있는지, 참여자의 환경 및 욕구의 변화가 발생하였는지 여부를 점검하는 활동이다. 점검활동은 크게 대상가구별 서비스 제공현황 점검과 참여자에 대한 점검으로 이루어진다.

사례관리 담당자는 사례관리 참여자에 대한 서비스 제공을 통해 어떠한 변화가 생겼는지 그 영향에 대한 평가를 실시한다. 이를 위해 사례관리 담당자는 "사례관리 참여자가 서비스를 통해 어떤 이득을 경험하고 있는지"의 여부와 "어느 정도의 이득을 경험하고 있는지"를 판단할 때 양적이고 질적인 방법들을 활용한다. 이때 사례관리 담당자의 주요 평가질문은 "그 계획이 효과적인 것이었나?", 즉 "계획대로 수행한 결과가 사례관리 참여자의 복지와 기능화를 개선하였는가?"이며, 이 평가질문에 대한 답에 따라 종결 여부의 결정을 하게 된다. 사례관리가 사례관리 참여자 차원의 변화만을 도모하는 것이 아니므로 또 다른 평가질문으로는 사례관리 참여자의 사회적 지지체계들이 더욱 활성화되었는지, 대인서비스제공자들이 사례관리 참여자와 유사한 문제에 대응하기 위한 전달체계에 개선을 이루었는지 등에 대한 평가도 포함될 수 있다.

서비스 과정에 대한 평가는 서비스 점검표를 바탕으로 작성하며, 서비스에 대한 만족도 및 목표달성 정도와 사례관리 참여자 변화상황은 면접상담을 통해 평가한다.

(1) 서비스 점검 및 평가표

〈서식 제7호 서비스 점검 및 평가표〉의 작성은 서비스계획서에 의한 서비스의 제공과정을 점검함으로써 욕구충족 여부 및 변화목표 달성 여부를 평가하며, 필요 시 욕구재사정, 서비스 계획의 변화 혹은 종결에 대한 준비 등을 고려할 수 있는 정보수집 및 분석과정이다. 서비스 점검은 사례관리 참여자를 통한 방법과 서비스 제공기관을 통한 방법이 있다. 각각의 입장에서 점검하며 주요 입장의 차이 및 공통점을 객관적으로 평가하여 이를 추후계획에 반영하도록 하는 것이 중요하다. 이러한 과정에서 사례관리 담당자는 사례관리 참여자에 대한 옹호적 입장을 적극적으로 견지하기 위해 노력하는 것이 중요하다.

이상의 의미를 담은 서비스 점검표의 세부항목별 설명 및 구체적인 작성방법은 다음과 같다.

〈표 3-8〉 서비스 점검 및 평가표 항목설명 및 작성방법

ISP 수립날짜	• 몇 회차에 해당하는 실행계획서에 의한 점검표인지를 구분하기 위한 것으로 해당 실행계획서의 회차 및 계획기간을 기록함
점검날짜	• 사례관리 참여자를 통한 점검임 • "점검날짜"는 아동과 가족을 통한 실제적 접촉을 통해 점검 및 평가를 시행한 날짜를 기록함
점검방법	• "점검방법"은 점검을 위한 접촉방법의 의미로 1. 전화, 2. 내방상담, 3. 가정/방문상담, 4. 기관방문, 5. 인터넷상담, 6. 기타로 구분하여 해당하는 항목의 번호에 표시함. 점검하는 데 다양한 접촉방법을 활용하였다면 모두 표시하도록 함
점검대상	• "점검대상"은 점검을 위해 접촉한 대상을 의미하며, 1. 아동, 2. 주양육자, 3. 아동과 주양육자로 구분하여 해당하는 항목의 번호를 기입함. 점검을 위해 다양한 대상과 접촉하였다면 해당자를 모두 표시하도록 함 • 점검은 반드시 아동이나 주양육자와의 접촉을 통해 수행하여야 하며, 가능한 한 둘 다를 통해서 점검을 하도록 함
점검장소	• 점검장소는 가정/방문상담을 한 경우 구체적인 장소를 기록함

서비스만족도 평가	• "서비스만족도 평가"는 평가양식 1-1호를 활용하여 시행하며, 그 종합 점수를 기록함
가족중심 실천 척도	• "가족중심 실천척도"는 평가양식 1-3호를 활용하여 시행하며, 그 종합 점수를 기록함
서비스비용	• 서비스비용은 사례관리 실행계획에 의해 사례관리 담당자의 계획적 활동을 통해 실제로 제공된 후원금품 및 서비스를 실금액으로 환산한 것임 • 세부 구분은 예산의 출처를 중심으로 구분하며, 금액은 해당 내용의 환산 총액을 기록함 1. 법인-결연은 법인의 결연후원금을 의미하며, 금액은 점검해당기간의 합산총액을 기록함 2. 법인-비결연은 법인의 정기결연후원금액이 아닌, 특별사업비를 통해 지원한 후원금을 의미하며, 금액은 점검해당기간의 환산총액을 기록함 3. 외부서비스는 사례관리 참여자에게 필요한 유료서비스(예, 유료 캠프)를 연결하였는데 해당 기관과의 협의(자원개발)에 의해 그 비용의 전액 혹은 일부를 부담해준 경우를 의미함. 금액은 점검해당기간의 환산총액을 기록함 4. 상품은 상품권, 현물(쌀, 통조림 등)을 의미하며, 현물의 경우 유통단가를 환산하여 기록함 5. 기타는 1~4까지의 항목으로 분류할 수 없는 경우에 사용하고, 구체적인 내용을 기록함
욕구영역별 주요 개입 내용 및 결과	• 개입내용은 실제로 제공된 내용을 중심으로 기록함
계획대비 변경 내용 및 사유	• 변경내용은 계획 시의 내용과 실제 수행내용이 달라진 경우, 왜 변경되었는지에 대한 구체적인 사유를 분석하여 기록함
사례관리 참여자 점검	• 사례관리 참여자 점검은 각각의 서비스에 대해 사례관리 참여자의 주관적 평가를 통한 점검방법이며, 각각의 서비스에 대해 사례관리 참여자 및 그 가족이 이용한 서비스에 대해 적절성, 적시성, 충분성, 목표달성도를 구분하여 해당점수를 기입함 • "적절성"은 해당 욕구를 충족하는 방법으로 본 서비스가 적절했는지를 묻는 것임. 1-거의 그렇지 않다, 2-약간 그렇지 않다, 3-보통임, 4-약간 그렇다, 5-매우 그렇다 • "적시성"은 해당 서비스가 꼭 필요한 시기에 제공되었는지에 대해 서비스별로 점검함. 역시 5점 척도를 활용하여 해당 점수를 기입함

사례관리 참여자 점검	• "충분성"은 해당 서비스의 기간이나 빈도가 목표로 하는 욕구를 충족하고 변화를 도모하는데 충분한 양의 서비스였는지를 평가하기 위한 항목임. 역시 5점 척도로 해당 번호를 기입함 • 목표달성도는 실행계획서를 통해 작성한 장기변화목표, 해당 서비스별 합의한 변화목표를 중심으로 목표달성의 수준을 아동과 가족의 주관적 평가를 토대로 하여 10점 만점을 기준으로 평가하도록 하며, 해당 점수를 기록함 • 심각도는 해당 서비스 지원 후 현재의 심각도를 측정하기 위함. 5점 척도를 활용하여 해당 점수를 기입함
욕구평가	• 욕구평가는 사례관리 담당자가 종합하여 평가하며 해당 항목별로 서비스를 통하여 아동과 가족의 욕구가 충족되었는지를 평가함 • 욕구영역별 욕구충족 여부를 평가하여 해당하는 항목의 번호를 기록함 0. 비해당 1. 욕구충족 2. 욕구미충족 3. 미확인으로 구분함 0. 비해당은 해당 영역에 대한 욕구(변화 및 서비스의 필요)가 없는 경우임 1. 욕구충족은 해당 영역에 대한 욕구(변화 및 서비스의 필요성)는 있으나 현재 받고 있는 서비스를 통해 이러한 욕구가 충족되고 있는 상태로 지속적인 서비스가 불필요한 상태를 의미함 2. 욕구미충족 상태는 해당 영역에 대한 욕구(변화 및 서비스의 필요성)가 있으며, 현재 서비스를 받고 있음에도 불구하고 욕구가 충족되지 않거나 문제가 해결되지 않고 남아있는 경우, 혹은 필요한 서비스를 받고 있지 않아서 욕구미충족 상태인 경우에 해당함 3. 미확인은 본 점검 및 평가서 작성할 시점까지 파악되지 않은 영역인 경우 미확인으로 구분함
심각도	• 심각도 평가는 각각의 욕구영역별로 욕구 미충족상태로 표시한 항목에 대해서 욕구충족을 위한 서비스제공방식의 긴급성을 중심으로 평가함 • 심각도는 0~4점으로 구분하며 각각의 구분은 다음과 같음 "0-비해당"은 해당영역에 대한 욕구가 없어 심각도측정이 해당되지 않는 경우임 "1-가벼움"은 현재 어려움이 발견되나 특별한 개입을 필요로 하지는 않고, 지켜보면서 추후 개입필요 여부에 대한 모니터링만 해도 되는 수준을 의미함 "2-중간"은 어려움의 정도가 심각하지는 않으나 상황의 악화를 예방하기 위한 차원에서의 개입이 필요한 수준을 의미함 "3-심함"은 어려움의 정도가 심각하여 현 거주상황에서 욕구를 해결하기 위한 적극적 개입이 필요한 상황을 의미함

심각도	"4-아주 심함"은 어려움의 정도가 심각하여 욕구해결을 위해서는 사례관리 대상자나 가족구성원의 일부를 현 주거지에서 즉각적으로 분리 혹은 격리를 통해 최소한의 안전확보 및 필요한 개입을 수행해야 하는 수준을 의미함 심각도의 수준은 개입의 우선순위를 결정하는 데 참고함
추후계획	• 추후계획은 아동과 가족, 서비스 제공기관의 담당자를 통해 수집한 정보를 종합분석하여 사례관리 담당자의 추후계획에 대한 의사결정내용을 기록함 • 추후계획의 구분은 재사정 필요, 실행계획의 수정필요, 평가필요, 종결필요로 구분하며, 해당하는 항목에 체크함 **"재사정 필요"**는 아동과 가족의 생활에 변화 여부 및 욕구변화 여부를 평가하기 위한 과정으로 돌아감을 의미하며 사례관리 유형 구분 프로세스로 돌아가 유형 구분을 다시 하고 사례관리의 욕구 및 강점사정지를 활용하여 재사정함 **"실행계획의 수정 필요"**는 아동 및 가족의 생활에 변화가 없고, 욕구에도 변화가 없으나 선정된 서비스의 부적절성 등의 사유를 발견한 경우임. 이 경우, 새롭게 서비스 계획만 수립하여 개입을 수행하며 "서비스 계획서"를 재작성하는 단계로 돌아감 **"평가필요"**는 종결을 준비하기 위한 단계로 종결 여부를 평가하는데 필요한 주요 평가척도들을 활용하여 종결의 적절성을 평가하기 위한 계획을 수립한다는 의미를 가짐. 종결을 위해 평가되어야 하는 주요 척도들은 TDI 척도 및 평가척도임 **"종결필요"**는 평가척도 등을 활용하여 평가하기 어려운 상황(서비스의 거부, 해약을 원하거나, 이사 연락두절 등으로 추후접촉이 불가능한 상황) 발생 시 종결필요를 체크하고 종결평가서 작성을 함 세부내용은 각각의 항목별로 이러한 의사결정을 하게 된 이유를 중심으로 하는 정보를 요약 · 기록하고 추후 어떠한 활동을 수행할 것인지에 대한 구체적인 계획을 기록함

〈서식 제8호 서비스 점검 및 평가표〉

서비스 점검 및 평가표

( )차 년 월 일
~ 년 월 일

* 몇차 계획에 대한 점검표인지를 명확히 하기 위해 위 표도 작성함

<table>
<tr><td colspan="3">등록번호 :</td><td colspan="2">아동명 :</td><td colspan="3">사례관리 담당자 :</td><td colspan="4">점검날짜 :</td></tr>
<tr><td colspan="2">점검대상</td><td colspan="2">□1. 아동
□2. 주양육자
□3. 아동과 주양육자</td><td>점검방법</td><td colspan="3">□1. 전화 □2. 내방상담
□3. 가정방문상담 □4. 기관방문상담
□5. 인터넷 상담 □6. 기타</td><td colspan="3">점검장소</td><td></td></tr>
<tr><td colspan="3">서비스 만족도 평가</td><td colspan="2"></td><td colspan="6">가족 중심 실천 척도</td><td></td></tr>
<tr><td rowspan="3">욕구 영역별 합의한 변화 목표</td><td rowspan="3">계획시 서비스 수행 내용</td><td colspan="2" rowspan="2">서비스비용</td><td rowspan="3">계획 대비 변경 내용 및 사유</td><td colspan="6">사례관리 참여자 점검</td><td rowspan="3">사례관리 담당자 의견</td></tr>
<tr><td rowspan="2">적절성</td><td rowspan="2">적시성</td><td rowspan="2">충분성</td><td rowspan="2">목표 달성도</td><td rowspan="2">심각도</td><td rowspan="2">욕구 평가</td></tr>
<tr><td>구분</td><td>금액</td></tr>
<tr><td></td><td></td><td></td><td></td><td></td><td></td><td></td><td></td><td></td><td></td><td></td><td></td></tr>
<tr><td></td><td></td><td></td><td></td><td></td><td></td><td></td><td></td><td></td><td></td><td></td><td></td></tr>
</table>

<table>
<tr><td>재사정 필요</td><td>□예</td><td rowspan="3">□예, 재사정이 필요하다고 한 경우는 언제, 어떠한 방식으로 할 것인지, 지난 번과는 어떤 차이를 두고 재사정할 계획인지를 구체적으로 기록함
□실행계획 수정이 필요하다고 한 경우는 어떠한 이유 때문에 실행계획 수정이 필요한 지에 대한 이유, 근거를 설명하고 실행계획수정을 위해 사례관리 담당자가 어떠한 활동을 할 것인지에 대한 구체적인 내용을 기술함
□종결필요는 객관적인 평가척도 등을 활용한 평가를 거치지 못하는 경우이나, 종결이 필요한 경우에 해당함. 구체적인 사유를 기록하고 종결방법이나 사후관리방법에 대한 잠정적인 계획을 기술함
□예, 재사정이 필요하다고 한 경우는 언제, 어떠한 방식으로 할 것인지, 지난 번과는 어떤 차이를 두고 재사정할 계획인지를 구체적으로 기록함</td></tr>
<tr><td>실행 계획 수정 필요</td><td>□예</td></tr>
<tr><td>종결 필요</td><td>□예</td></tr>
</table>

10) 종 결

평가를 통해 목표를 달성하여 더 이상의 사례관리서비스가 필요하지 않다고 판단한 경우, 사례관리 참여자의 사망, 관할 행정구역을 벗어난 주민등록지 이전 및 이사로 정기적인 접촉이 불가능해졌거나, 3개월 이상의 연락두절, 본인의 희망 등의 사유로 종결을 할 수 있다.

사후관리는 종결 이후 일정 기간을 두고 종결 이후의 변화상황 안정화 여부를 모니터링하고 재개입 필요성을 조기에 판단하기 위한 목적으로 수행된다. 사후관리는 총 2회 이상을 넘지 않도록 한다.

(1) 종결보고서

〈서식 제8호 사례관리 종결보고서〉는 종결사례에 대한 종결사유와 추후 사후관리방안에 대한 정보를 요약하여 기록하기 위한 양식이다.

종결보고서에서 중요하게 관리해야하는 정보는 종결사유의 구분 및 종결 시 아동과 주양육자의 주관적인 경험의 평가, 사후관리에 대한 계획 및 이에 대한 동의의 확보이며, 세부항목에 대한 설명 및 작성방법은 아래와 같다.

〈표 3-9〉 종결보고서 항목설명 및 작성방법

종결 유형	• 종결유형은 사례관리를 수행하면서 야기될 수 있는 종결의 다양한 사유 중 대표적인 사유를 중심으로 구성됨 • “욕구충족/변화목표달성” 은 사례관리 시 계획했던 욕구가 충족되고 사례관리 참여자와 합의한 변화목표를 달성한 경우에 해당함 • “계약기간완료”는 이 기간 동안 욕구충족 및 변화목표는 달성되지 않았어도 정기계약기간에 따라 완료되는 경우에 해당함 • “거절이나 해약”은 욕구충족이나 변화목표가 달성되지 않았어도 아동이나 주양육자에 의해 사례관리 등록을 철회하고자 하는 경우에 해당함

종결 유형	• "이사"는 아동과 가족이 사례관리 관할구역을 넘어서 이사를 한 경우이나, 이는 행정적인 구역과 관계없이 사례관리 수행을 위한 물리적, 혹은 심리적 접근성을 고려하여 판단함. 즉, 관할지역이 아니더라도 타 사례관리기관으로 이관하는 것보다 현 기관에서의 접근성이 더욱 좋다면 등록을 유지할 수 있음. 이러한 부분에 대한 종합적 판단을 통해 종결 여부를 결정함 • "사망"은 아동이 질병이나 사고로 인해 사망한 경우이며, 이로 인한 사례관리대상이 부재한 경우에 해당함 • "연락두절"이란 아동과 가족이 사례관리 담당자에게 알리지 않고 연락처 등을 변경하여 사례관리 담당자가 연락을 취할 방법을 강구하지 못하여, 실제적인 접촉이 이루어지지 않은 지 3개월이 넘는 경우에 해당함 • "기타"는 이상의 사유 이외의 경우에 해당하며, 구체적인 내용을 기록함
개입내용 요약	• 사례관리 기간 동안 제공한 서비스 등 주요 개입내용을 요약 · 기록함
아동, 주양육자의 종합의견	• 욕구충족/변화목표달성, 계약기간완료, 거절이나 해약, 이사 등을 사유로 종결하는 경우에 아동과 주양육자에 대한 종결평가상담을 통해 그동안 사례관리과정에서 경험한 서비스에 대한 평가(만족 혹은 불만족요인), 서비스를 통한 아동과 가족의 변화경험, 이후의 생활에 대한 계획 등을 요약하여 기록함 • 종합의견은 아동과 주양육자의 의견을 각각 분리하여 기록하되, 상황에 따라 아동 혹은 주양육자와의 종결평가상담 내용 중 1개만 기록될 수 있음
사후 관리 방안	• 사후관리는 "연락두절" 사례를 제외하고 아동과 주양육자의 동의를 구한 후 종결 이후의 상황변화에 대한 2회 이내의 재접촉을 의미함 • 즉, 사후관리의 목적은 종결상황의 안정화 여부의 확인을 통해 종결상태를 확정하거나 재개입의 가능성을 탐색하기 위한 과정임. 따라서 재접촉의 빈도 및 기간은 사례관리 참여자와의 협의를 통해 정하되 접촉빈도는 2회를 넘지 않도록 함 • 사후관리예정일은 사례관리 참여자와의 협의를 통해 사후관리예정일을 잠정적으로 결정하고 사례관리 참여자들이 이때 사례관리 담당자로부터 연락이 올 수 있다는 사실을 미리 알고 대처할 수 있도록 한다는 의미를 가짐 • 사후관리 시 접촉방법은 다양한 접촉방법 중 사례관리 참여자가 희망하는 방법, 현실적으로 가능한 방법 등을 고려하여 미리 합의하여 결정함 • 종결사유 중 이사, 서비스에 대한 불만족 등의 사유 시 다른 사례관리기관으로의 이관이 필요한 경우가 있을 시 이관계획에 대한 잠정적인 계획을 수립하며, 그 주요 내용을 선정 여부, 기관명, 담당자 이름을 기록해둠. 혹은 이관이 이미 확정된 경우는 그 주요 정보를 기록함

사후관리 방안	• 이상의 내용에 대해 아동, 주양육자, 사례관리 담당자가 종합적으로 합의하며, 그 내용에 대해 각각 서명 확인함

〈서식 제9호 사례관리 종결보고서〉

<table>
<tr><th colspan="6">사례관리 종결보고서</th></tr>
<tr><td>등록아동번호</td><td colspan="2"></td><td colspan="3"></td></tr>
<tr><td>등록일</td><td colspan="2">년 월 일</td><td colspan="3">년 월 일</td></tr>
<tr><td>주 소</td><td colspan="2"></td><td colspan="3">(집)
(H. P.)</td></tr>
<tr><td rowspan="2">종결
유형</td><td colspan="5">□ 욕구충족/변화목표달성 □ 계약기간만료
□ 이사 □ 거절이나 해약 □ 사망 ( )
□ 연락두절 □ 기타( )</td></tr>
<tr><td colspan="5">※ 위의 종결유형 중 계약기간 만료 시(고 3 종결만 해당) 향후 진로
□ 대학진학 □ 취업 □ 아르바이트 □ 기타( )</td></tr>
<tr><td>주요 개입
내용요약</td><td colspan="5"></td></tr>
<tr><td>아동의
종합의견</td><td colspan="5"></td></tr>
<tr><td>주양육자
종합의견</td><td colspan="5"></td></tr>
<tr><td rowspan="5">사후관리방안</td><td>사후관리빈도</td><td colspan="4">□ ( )개월 후부터 ( )개월 간격으로 총□ 1회 □ 2회</td></tr>
<tr><td>사후관리예정일</td><td>1차</td><td></td><td>2차</td><td></td></tr>
<tr><td>사후관리방법</td><td colspan="4">□ 전화상담□ 내방상담 □ 가정/방문상담□ 기타</td></tr>
<tr><td rowspan="2">의뢰기관
선정 여부</td><td rowspan="2">□ 아니오
□ 예</td><td>기관명</td><td>담당자</td><td>연락처</td></tr>
<tr><td></td><td></td><td></td></tr>
<tr><td>아동</td><td colspan="2">성명 : (서명 또는 날인)</td><td>주
양육자</td><td colspan="2">성명 : (서명 또는 날인)</td></tr>
<tr><td>사례관리 담당자
종합의견</td><td colspan="5"></td></tr>
<tr><td>사례관리 담당자</td><td colspan="2">성명 : (서명 또는 날인)</td><td>작성
날짜</td><td colspan="2"></td></tr>
</table>

11) 사후관리

사후관리란 종결사례에 대해 종결시점 이후 변화의 안정화 여부를 확인하여 종결상태를 확정하거나 재개입의 가능성을 탐색하기 위한 과정이다. 따라서 사후관리과정에서는 변화의 안정화를 돕는 지지적 상담이나 정보제공 등이 이루어지며, 재개입이 필요한 상황 여부를 파악하기 위한 사정평가의 과정이 되기도 한다. 사후관리보고서에서 기록 · 관리되어야 하는 주요 정보는 사후관리과정을 통해 파악한 정보를 종합정리하는 것과 이 내용을 토대로 종결의 확정 혹은 재개입 여부를 판단하는 데 필요한 정보를 요약 · 정리하는 것이다. 이를 통해 사례관리 담당자는 재개입이나 타 기관 의뢰, 종결확정 등의 최종 의사결정을 하게 된다.

(1) 사후관리보고서

〈서식 제9호 사후관리보고서〉는 종결 시 계획된 사후관리를 수행하며, 그 주요 내용을 요약 · 정리하기 위한 서식이다. 세부항목에 대한 설명 및 작성방법은 아래와 같다.

〈표 3-10〉 사후관리 보고서 항목설명 및 작성방법

1차, 2차 사후관리	• 1차, 2차 사후관리 중 사후관리계획에 따라 1차 혹은 1, 2차 모두를 사후관리 할 수 있음 • 날짜는 실제 사후관리가 이루어진 날짜를 기록함 • 접촉방법은 전화 혹은 내방을 구분하여 기록하며, 외부방문을 통한 경우는 가정이나 아동이나 주양육자가 이용하고 있거나 참여하고 있는 기관에서 이루어진 경우는 "가정/방문상담"으로 체크함 • 접촉대상은 사후관리를 위해 접촉한 사람이며, 1회의 사후관리 과정에서 여러 사람과의 접촉이 이루어졌다면 모든 항목에 체크할 수 있음

사례관리 담당자 종합의견	• 사후관리를 통해 수집한 정보를 토대로 한 종합 평가결과를 요약기록함 • 사례관리 담당자의 종합의견은 추후계획 및 그 당위성을 반영하고 있어야 함
추후계획	• 1차 혹은 1,2차 사후관리를 통해 수집한 정보를 토대로 본 사례에 대한 종결을 최종 확정하거나 본 기관에서의 재개입이 필요하다고 판단된 경우, 혹은 재개입이 필요하지만 타 기관 의뢰를 통해서 재개입이 필요하다고 판단된 경우를 구분하여 기록함

〈서식 제10호 사후관리보고서〉

사후관리 보고서

<table>
<tr><td>등록 아동번호</td><td colspan="2"></td><td>아동명</td><td></td></tr>
<tr><td>등록일</td><td colspan="2">년 월 일</td><td>종결일</td><td>년 월 일</td></tr>
<tr><td>주 소</td><td colspan="2"></td><td>전화번호</td><td>(집)
(H. P.)</td></tr>
<tr><td rowspan="3">1차 사후 관리</td><td>날짜</td><td></td><td>접촉 방법</td><td>□ 전화상담 □ 내방상담
□ 가정/방문상담 □ 기타</td></tr>
<tr><td>접촉 대상</td><td colspan="3">□ 아동 □ 주양육자( ) □ 기타</td></tr>
<tr><td>현상황 요약</td><td colspan="3"></td></tr>
<tr><td rowspan="3">2차 사후 관리</td><td>날짜</td><td></td><td>접촉 방법</td><td>□ 전화상담 □ 내소상담
□ 가정/방문상담 □ 기타</td></tr>
<tr><td>접촉 대상</td><td colspan="3">□ 아동 □ 주양육자( ) □ 기타</td></tr>
<tr><td>현상황 요약</td><td colspan="3"></td></tr>
<tr><td>사례관리 담당자 종합 의견</td><td colspan="4"></td></tr>
<tr><td>추후 계획</td><td colspan="4">□ 재개입 □ 타 기관의뢰( )
□ 종결확정 □ 기타( )</td></tr>
<tr><td>사례 관리 담당자</td><td colspan="2">성명:
(서명 또는 날인)</td><td>작성날짜</td><td></td></tr>
</table>

2. 기타 서식활용

〈부록 1〉 사례관리 동의서

사례관리 동의서

- 월드비전에서는 아동과 가족의 기능향상, 복지향상, 관계성의 회복, 서로 돕는 지역사회로의 회복과 아동과 가족을 위한 사회제도가 변화할 수 있도록 지속적으로 노력합니다.
- 사례관리 서비스란 이러한 노력을 아동과 그 가족이 함께 하는 서비스방법을 말합니다.
- 사례관리 담당자란 이러한 역할을 함께 할 아동과 가족의 동반자입니다.

월드비전 (   )은 위와 같은 활동을 하기 위해 (   )님과 함께 사례관리서비스 계약을 체결하고자 합니다.

본 계약은 사례관리서비스에 대한 기본 계약으로 사례관리기간, 사례관리방법, 사례관리의 유지 혹은 중단을 선택할 수 있는 가능성과 방법에 대한 설명을 포함하며, 이러한 과정을 함께 하기 위해 서로의 의무와 책임에 대한 약속을 하고자 합니다.

1. 월드비전 사례관리의 기본 계약기간은 2년입니다. 이 기간 동안 협력적 노력을 통해 아동과 가족의 복지수준이 향상되지 않았거나 좀더 노력을 함께할 필요가 있다고 협의되면 계약기간을 연장할 수 있습니다. 계약기간은 최장아동이 성장하여 성년이 될 때까지 연장이 가능합니다.
2. 사례관리는 아동과 가족과 사례관리 담당자가 협력하여 아동과 가족의 복지를 향상할 수 있는 방법을 함께 모색하고, 필요한 노력을 함께 하는 과정입니다. 즉, 사례관리를 위한 가장 중요한 방법은 아동과 가족의 적극적인 참여입니다. 아동과 가족은 현 상황에 변화가 필요하다면, 이를 사례관리 담당자에게 적극적으로 표현하며, 이러한 변화를 가져오기 위한 방법을 적극적으로 제안하며, 이러한 제안이 현실적인 방법으로 전환될 수 있도록 상의하는 과정이 강조됩니다.
3. 아동과 가족의 복지수준을 향상시키고 가정의 삶을 개선하기 위한 구체적인 방법과 필요한 서비스내용은 서비스계획서를 통해 다시 계약을 하게 됩니다.
4. 참여하시는 아동과 가족은 사례관리가 시작되었더라도 이러한 방법과 서비스가 만족스럽지 않다면, 혹은 다른 이유로 인해 서비스 중단을 원하시면 사례관리 계약을 해지할 수 있습니다. 계약 해지 시에는 사례관리 담당자와의 상담을 통해 해지가 가능하며, 해지에 따른 불이익은 전혀 없습니다.
5. 사례관리 계약 해지 이후라도 아동과 가족의 복지향상을 위해 새로운 변화노력의 파트너가 필요하시면 월드비전과 다시 시작하실 수 있습니다.

사례관리 ( )차 계약기간 : 년 월 일 ~ 년 월 일

년 월 일

아동: (서명)

주양육자: (서명)

담당 사례관리 담당자 : (서명)

기관정책상 기본 계약기간은 2년으로 통일하였지만 사례관리 참여자의 반응(중간에 계약을 해지해도 되지만 사례관리 참여자에 따라서는 이러한 시간에 얽매인다는 느낌이나 부담을 가질 수도 있음)에 따라 조정이 필요한 경우는 1년 등으로 조정할 수 있음

〈부록 2〉 의뢰서

서비스 의뢰서			
작성일자		담당자	(인)
소속		연락처	
의뢰기관		의뢰날짜	
담당자		연락처	
서비스 참여자 성 명		전화번호	(집) (H. P)
주소	자택)		
	직장)		
가구 유형	□ 부부중심가구 □ 한부모가구 □ 조손가구 □ 소년소녀가구 □ 친인척거주가구 □ 가정위탁가구 □ 기타 (　　　)		
의료보장 현황	□ 의료급여 1종 □ 2종 □ 직장의료보험 □ 지역의료보험		
수급 유형	□ 일반가구 □ 저소득가구 □ 차상위가구 □ 조건부/조건유예수급가구 □ 수급가구 □ (　)특례가구 □ 기타(　　　)		
기타 지원 현황			
주 의뢰 사유		의뢰 서비스	
첨부내용			

〈부록 3〉 사례회의록

<table>
<tr><th colspan="4">사례회의록</th></tr>
<tr><td>회의 구분</td><td colspan="3">□ 일일사례회의 □ 주간사례회의 □ 월례사례회의
□ 통합사례회의 □ 솔루션위원회 □ 권역별 사례회의</td></tr>
<tr><td>회의 일시</td><td>회의유형별로 구분하여 회의록 관리를 하며 유형별로 회의차수를 정리함</td><td>장 소</td><td></td></tr>
<tr><td>작성자</td><td>• 당일 사례발표와 관련한 부담이 가장 적은 사례관리 담당자가 기록하되, 기관에서 내부적으로 업무분장을 하여 기록관리 하도록 함</td><td>참석 인원</td><td>• 사례회의의 총 참여인원을 합산하여 기록함
• 사례회의의 참여인원은 배석하여 논의사항을 관찰하는 인원을 제외하고, 사례와 관련한 서비스제공자나 당사자의 참여규모는 활발한 토론을 위해 10명 내외의 소그룹으로 진행하는 것이 바람직함</td></tr>
<tr><td>참석자(참석기관)</td><td colspan="3">• 참석자와 참석자의 소속기관을 구체적으로 기록함</td></tr>
<tr><td>상정 사례명</td><td colspan="3">• 사례회의에 상정되는 사례명을 기록함</td></tr>
<tr><td>회의 안건</td><td colspan="3">• 사례회의 유형에 따른 적절한 안건을 선정하도록 함
• 구체적인 사례를 다루는 경우 총 몇 사례가 다루어졌는지를 기록하며, 이로써 사례에 대한 심층적인 논의가 이루어졌는지를 점검하도록 함
• 예, “통합사례회의에서 20사례를 논의했다”는 것은 사례에 대한 간단한 정보공유 차원의 일일사례회의를 통해 다루는 것이 적절했다는 평가가 될 수도 있음. 또는 통합사례회의의 의미를 충분히 살리지 못하고 사례에 대해 피상적인 논의에 그쳤다는 평가가 될 수도 있음</td></tr>
<tr><td>지난 회의결과 반영내용</td><td colspan="3"></td></tr>
<tr><td>논의내용 및 수퍼비전</td><td colspan="3"></td></tr>
<tr><td>추후 실행계획</td><td colspan="3"></td></tr>
<tr><td>차기 회의 예정일시</td><td colspan="3"></td></tr>
</table>

〈부록 4〉 수퍼비전 일지

수퍼비전 일지

<table>
<tr><th colspan="4">supervisor</th><th colspan="4">supervisee</th></tr>
<tr><td>성 명</td><td></td><td>직 책</td><td></td><td>성 명</td><td></td><td>직 책</td><td></td></tr>
<tr><td>일 시</td><td></td><td>장 소</td><td></td><td>방 법</td><td colspan="3">• 수퍼비전이 제공된 방법으로 서면, 대면, 개별, 집단 등의 방법을 구체적으로 기록함</td></tr>
<tr><td>내 용</td><td colspan="7">• 수퍼비전일지는 사례관리를 수행하는 과정에 수퍼바이저의 적절한 피드백이 다루어졌는지, 수퍼바이지는 핵심과업을 제대로 수행하고 있는지를 상호점검하는 중요한 기록관리의 방법임
• 또한 수퍼비전은 수퍼바이지가 안고 있는 문제를 대신 해결해 주는 과정이 아니라 수퍼바이지가 답을 찾을 수 있도록 지원하는 과정임
• 따라서 수퍼비전 요청내용은 사례관리 담당자가 일차 숙고한 안을 토대로 수퍼비전이 제공될 수 있도록 준비함
• 수퍼비전 일지의 주요 내용은 사례관리 담당자가 수퍼비전 받고 싶은 내용, 논의하고 싶은 내용을 중심으로 준비하고, 기타 수퍼비전이 이루어지면서 추가적으로 다루어진 사항을 구분하여 기록함(예, 1) 수퍼비전요청내용 2) 추가논의내용)
• 각각의 항목별로 수퍼비전 받은 내용을 요약기록함</td></tr>
<tr><td>결 과</td><td colspan="7">• 결과는 1), 2)에 대해 추후 수퍼바이지의 업무에 이를 어떻게 반영할 계획인지, 수퍼바이저는 이를 어떻게 지원할 계획인지 등, 구체적인 실행계획을 중심으로 결과를 정리하도록 함</td></tr>
<tr><td>기 타</td><td colspan="7">• 내용 및 결과로 정리하기 어려운 내용을 자유롭게 기록하여 활용함</td></tr>
</table>

Chapter 04

사례관리 평가 및 성과관리

CONTENT

Chapter 04

사례관리 평가 및 성과관리

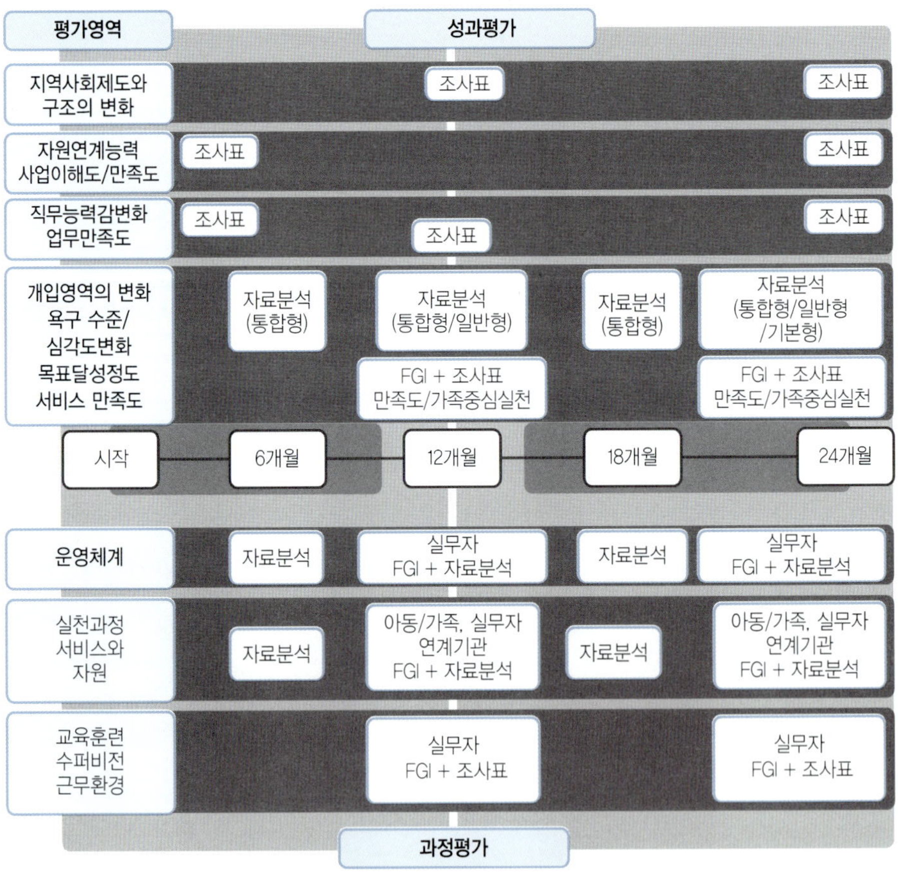

| 그림 4-1 | 월드비전 사례관리사업 평가의 개요

월드비전은 그동안 결연을 통해 9,000여 명의 아동에게 다양한 서비스와 자원을 투입했으나 이에 대한 성과관리체계가 제대로 구축되지 않았고, 투입된 서비스와 자원이 각 가정과 아동에게 어떤 도움이 되었고 사업의 다양한 목표영역에 어떤 변화를 가져왔는지에 대해 체계적으로 평가하는 노력이 부족하였다. 이에 사례관리사업에 대한 평가와 성과관리를 통해 투입된 자원과 서비스가 아동, 가정, 기관, 지역사회에 어떠한 변화를 가져왔는지 평가를 하고 배움과 숙고의 시간을 통해 발전방안을 모색해나감으로써 궁극적으로 사례관리 참여자에게 최선의 서비스를 지원하고자 한다.

월드비전 사례관리 사업에 대한 평가는 다양한 수준에서 검토될 수 있는데, 크게는 1) 사례관리 사업의 운영에 대한 과정평가, 2) 사례관리 사업의 결과(outcome)나 영향을 파악하는 성과평가로 나누어 볼 수 있다.

본 장의 논의는 사례관리 사업의 변화된 계획들이 사업장에 충분히 안정화되었을 경우를 상정하여 운영 및 과정평가와 성과평가 영역에 어떤 과업들이 포함되고 수행되어야 하는지를 논하기로 한다. 아울러 크게 복지관과 가정개발사업장으로 구분되는 월드비전 사례관리 현장에 모든 평가과업이 동일하게 적용되기 어렵고, 사례관리의 대상유형(기본형, 일반형, 통합형)에 따라서도 평가의 과업이 동일한 수준으로 적용되기 어려운 것이 현실인데, 동일한 적용이 어려운 부분에 대해서는 각 평가과업의 내용을 다룬 부분에서 사업장과 사례관리유형에 따른 차이를 고려한 적용지침을 간략히 포함하여 논의하였다.

1. 운영 및 과정평가

사례관리 사업이 계획되고 제안된 형태로 잘 운영되고 있는지를 평가하는 것이 과정평가의 목적이다. 사례관리 사업의 운영과 관련된 많은 요소(운영체계, 인력운용, 예·결산운용, 서비스와 자원, 교육훈련 및 수퍼비전, 근무환경, 기록과 자료관리 등)를 전부 과정평가에 포함하여 실시 초기부터 이들을 관리하는 것은 쉽지 않은 과업이다. 월드비전의 경우, 기존의 등록아동을 포함하여 사례관리의 대상을 3가지 그룹(기본형, 일반형, 통합형)으로 나누어 사례관리로 일원화하였으며, 본 절은 사례관리 실천과 관련된 다양한 요소와 모든 이용자 그룹에 대한 과정평가의 내용을 다루고 있다. 아래에 제안되는 내용들은 일반형과 통합형 사례를 중심으로 각 사업장에서 꼭 파악하고 있어야 하거나 수행해야 할 운영 및 과정평가의 내용이다. 해당 평가의 주요 과업은 크게 운영체계(사례회의, 교육훈련 및 수퍼비전, 근무환경)와 운영과정에 대한 평가와 그 수행방법이라 할 수 있겠다.

1) 운영체계에 대한 평가

앞선 2장에서 논의되었듯이 사례관리 실천은 이용자의 욕구에 부합하는 서비스를 통합적으로 전달하는 활동이기 때문에 이런 활동이 효과적으로 유지되기 위해서는 조직화된 운영체계를 필요로 하고, 이를 잘 구축하고 유지하는 것은 사례관리의 효과를 좌우하기도 하는 중요한 요인이다. 운영체계에 대한 과정평가는 사례관리 실천을 효과적으로 할 수 있는 기관 내 · 외부의 운영체계를 갖추고 있는지, 이러한 체계들을 잘 유지하고 있는지를 파악하는 과업이다.

(1) 사례회의 내 · 외부에 대한 평가

월드비전 사례관리 사업 수행과 관련하여 갖추어야 할 중요한 운영체계 중 하나로 내부 사례회의와 통합사례회의를 들 수 있다. 효과적인 운영체계의 구축과 유지는 기관 내부와 기관을 둘러싼 지역사회와 외부환경의 조건들에 의해 크게 영향을 받는다. 월드비전의 사업장 중, 복지관은 3명의 full-timer 사례관리 담당자로 구성된 사례관리파트와 별도의 프로그램파트로 내부 운영체계가 구성되고, 가정개발센터의 경우는 프로그램파트를 별도로 구성하지 않고 3명의 full-timer 사례관리 담당자와 준사례관리 담당자가 사례관리와 프로그램 업무를 동시에 담당하는 구조이다.

사례회의에 대한 평가는 기관 내 사례관리팀과 사례회의, 기관 내외 서비스 제공자의 팀으로 구성된 통합사례회의가 잘 구축되어 효과적으로 운영되는지 여부와 운영되지 못하고 있다면 그 근거와 장애요인이 무엇인지를 파악하는 것이 주요 과업이다. 사례회의에 대한 과정평가 방법이나 절차는 주로 질적인 방법으로 이루어지는 경우가 많다. 주로 사례관리에 참여한 실무자에 대한 면접, 사례회의나 통합사례회의 회의록에 대한 내용분석을 통해 과정평가의 자료수집이 가능하다. 이들 방법에 동원될 주요 질문들은 다음과 같다.

- 기관내 사례관리 운영체계(사례관리팀, 사례회의운영)가 조직화되어 있는가?
  조직화되지 못하고 있다면 그 이유는?
  개선을 위해 극복되어야 할 장애요인은?
- 기관내 사례회의가 이루어지고 그 내용이 실천과정에 잘 반영되고 있는가?
  이루어지지 못하거나 반영되지 못하고 있다면 그 이유는?
- 개선을 위해 극복되어야 할 장애요인은?
- 외부 연계기관이 참여한 통합사례회의가 구성되고 이의 운영이 실질적으로 이루어지고 있는가?
  구성되지 못하고 있다면 그 이유는?
  개선을 위해 극복되어야 할 장애요인은?
- 사례회의와 통합사례회의의 내용이 잘 기록되고 있는가?
  잘 기록되지 못하고 있다면 그 이유는?
  개선을 위해 극복되어야 할 장애요인은?

월드비전 사업장 중 복지관의 경우는 사례관리 사업이 안착될 때까지 1년에 1회 정도 실무자에 대한 집단면접, 사례회의록에 대한 내용분석을 통해 위 질문의 내용들이 파악되고 이를 통해 사업운영에 대한 개선방법이 모색되어야 할 것이다. 사업이 안착될 시점에는 과정평가의 간격을 조금 더 늘릴 수도 있겠다. 가정개발센터의 경우는 실질적으로 통합형 사례관리에 투입될 인력이 아주 적고(1명 내외), 외부 연계활동도 제한적일 터이니 위에서 제시된 각 평가질문에 대해 복지관과는 다른 성과관리 기준(평가결과의 기대 및 만족 수준)을 갖는 것이 현실적이다. 예를 들면, 기관 내외 사례회의의 운영에 대한 평가 시 복지관에 대한 기대수준을 100으로 설정하였을 때, 가정개발센터의 경우는 복지관의 기대수준에서 일정 수준 이상(평가항목이나 내용에 따라 50%에서 80% 정도)에 해당하면 충분히 만족스러운 것으로 결과를 이해하는 노력이 필요하다. 이러한 이원적인 기준은 복지관과 다른 수행 및 평가기준을 가져야 되는 가정개발센터의 모든 평가내용에 대해 적용되어야 한다고 본다.

(2) 교육훈련과 수퍼비전에 대한 평가

사례관리 실천에 있어서 실무자들이 일관된 실천원칙을 유지하고 실천과정의 어려움과 도전적인 상황에 잘 대응하도록 교육훈련과 수퍼비전 체계를 구성하고 이를 잘 운영하는 것이 무엇보다 중요하며, 이는 곧 사례관리 사업 성패의 요인으로 작용한다. 월드비전 사례관리 사업에서는 사례관리 실무자에 대한 교육훈련과 수퍼비전의 내용도 운영평가에 포함되어야 하는데 평가에서 다룰 주요 내용들은 다음과 같다.

- 사례관리 실천을 돕는 교육훈련과 지원체계를 갖추고 있나?
- 실무자가 필요로 하는 교육훈련이 충분히 전달되고 있나?
- 기관 내외에 필요한 수퍼비전체계가 갖추어져 있는가?
- 수퍼비전과 교육훈련이 정기적, 지속적으로 이루어지고 있나?
  이루어지지 않고 있다면 이유가 무엇인지?
- 수퍼바이저의 자격은 적절한가?
- 수퍼비전의 횟수 및 빈도가 적절한가?

- 교육훈련과 수퍼비전의 내용이 업무수행에 도움이 되고, 실무자의 역량을 강화시키는가?

현 단계에서 교육훈련과 수퍼비전에 대한 과정평가를 가장 용이하게 실시할 수 있는 방법은 월드비전 사례관리 수행에 참여하는 실무자(본부담당자, 기관의 중간관리 담당자, 사례관리 실무자 등)를 대상으로 한 초점집단 면접(FGI)을 적어도 1년에 1회 이상 실시하는 방안이 현실적일 것(사업 안착이 될 때까지는 반기마다 1회씩 평가하는 것도 대안일 수 있음)이며, 일부 다른 사례관리 사업에서처럼, 위 질문이 포함된 반구조화된 조사표를 활용해 실무자대상의 설문조사를 정기적으로 실시할 수도 있겠다.

(3) 근무환경에 대한 평가

사례관리 활동을 수행하는 실무자들의 근무환경에 대한 평가도 운영평가의 주요한 과업으로 설정되어야 한다. 월드비전의 경우, 동일한 모 법인을 통해 사례관리 사업이 계획되고 있기에 다른 사례관리 사업에서처럼 실무자의 물리적 근무조건(근로계약형태, 임금수준, 사례관리 활동에 대한 인정과 보상수준 등)에 대한 평가는 유보하더라도 사례관리 실천과 관련된 근무환경이 실무자들의 업무수행에 도움이 되도록 잘 배려되고 있는지를 평가해야 한다. 사례관리 실천과 관련된 근무환경을 평가하기 위해서는 다음과 같은 내용들이 포함된다.

- 개입하는 사례의 양이 적절한가?
- 독립적인 사례관리 업무가 어느 정도로 보장되고 있는가?
- 실천의 원칙들을 지키기 위해 융통적인 근무시간이 배려되고 있는가?
- 사례개입을 위한 평균 이동거리나 자원의 분포(자원의 밀집도)는 어느 수준인가?
- 실무자의 재량에 따라 서비스나 자원을 기획하고 집행할 수 있도록 잘 배

려하고 있는가?

- 사례관리와 관련된 실무자들의 업무 스트레스는 어느 정도이고, 어떤 부분에서 개선이 더 필요한가?
- 사례관리 직무 수행과 관련된 실무자들의 능력감은 어느 수준이며, 이의 향상을 위해서 필요한 노력은 무엇인가?
- 위에서 언급된 근무환경이 잘 배려되고 있지 못하면 그 이유가 무엇이고, 개선을 위해 필요한 노력에는 어떤 것들이 있는가?

운영 및 과정평가 내용에 대한 다른 평가방법과 유사하게 근무환경에 대한 평가방법으로 월드비전 사례관리 수행에 참여하는 실무자를 대상으로 한 초점집단 면접(FGI)을 적어도 1년에 1회 정도 실시하는 방안이 있고, 위 질문의 내용이 포함된 반구조화된 조사표를 활용해 실무자를 대상으로 익명성이 더 보장되는 방법으로 정기적인 조사를 실시할 수도 있다.

2) 운영과정에 대한 평가

사례관리의 운영과정에는 다양한 요소들이 있고 이들이 서로 영향을 주고받는데, 모든 요소에 대한 평가를 계획하는 것은 본 매뉴얼의 범위를 넘는 과업이다. 여기서는 주로 사례관리 실천의 과정이 접수에서부터 사후관리까지 잘 이루어지며 그 과정이 사업의 성과파악과 잘 연결되도록 기록되고 관리되는지를 평가하는 과업(실천과정에 대한 평가)과 이용자의 욕구에 부합되는 서비스와 자원이 잘 계획되고 전달되는지를 평가하는 과업(서비스와 자원에 대한 평가) 등 두 가지 평가과업에 대해 월드비전의 사업장에서 실행가능한 방법들이 제안되었다.

운영과정에 대한 평가에도 다양한 자료수집 방법이 동원될 수 있는데, 사례관리 실천의 과정에 동원된 모든 기록양식에 대한 내용분석, 실무자 대상(기관내부+연계기관 실무자)의 집단면접, 서비스와 연계자원에 대한 기록지의 분석, 이용자(아동+가족)를 대상으로 한 조사나 초점집단 면접 등을 통해 사례관리 운영 과정에 대한 평가가 이루어진다.

(1) 실천과정에 대한 평가

사례관리 실천과정에 대한 평가를 가장 잘 할 수 있는 방법은 사례관리 담당자를 근무시간 내내 쫓아다니며 몇 개월간 사례의 접수부터 종결까지 영상으로 그 활동내용을 담아내는 것이겠지만, 이는 현실적으로 불가능하다. 대안적으로 사례관리의 과정이 접수에서부터 사후관리까지 잘 이루어지며 그 과정이 성과 파악과 잘 연결되도록 관리되는지 확인하는 방법으로서 실천과정에 사용된 각종 양식(접수상담지, 사례관리 동의서, 접수대장, 등록대장, 욕구 및 강점사정 평가표, 서비스계획표-ISP, 과정기록지, 서비스점검 및 평가표, 종결보고서, 사후관리양식 등)의 내용에 대한 정기적인 분석을 통해 과정평가를 수행할 수 있다.

월드비전의 사업장(복지관+가정개발센터)들은 사례관리의 과정을 통일된 방법으로 기록하기 시작한 지 얼마 되지 않았다. 사례관리의 과정에 적용할 수 있는 통일된 양식들이 제안되었고, 이러한 양식이 현장의 실제 경험과 피드백에 의해 개선되고 보완되는 데는 양식의 보급 후에도 1~2년의 기간이 더 필요한 것이 사실이다. 실천과정에 대한 평가의 첫 번째 방법으로는 매 6개월(사업 안착 시 평가 간격을 더 늘릴 수 있음, 예로 매 1년)마다 각 사업장의 사례 중 일부(사업장 사례 수와 규모에 따라 10% 내외)를 임의로 선정하여 실천양식에 대한 내용분석을 실시하는 방법이 현실적이겠다. 실천과정에 대한 내용분석에서 평가해야 할 영역으로는 기록의 적절성, 정보수집의 적절성, 합의한 변화목표 수립의 적절성, 목표달성을 위한 서비스계획의 적절성, 필요한 활동(재사정, 점검/모니터링, 평가)주기의 준수 여부, 실천원칙에 근거하여 서비스이용자를 돕고 있는지 여부 등이 우선적으로 파악되어야 한다(평가기준을 10점 척도로 하여 각 영역에서 현재 어느 정도 수행을 하고 있는지 파악하고 이를 토대로 평가주기별 영역의 변화추이를 파악할 수도 있다).

사례관리 실천에 활용되는 양식에 대한 내용분석을 통해 실천과정을 평가하는 방법 외에도 사례관리 실무자를 대상으로 한 면접을 통해 실천과정에 대한 평가를 계획해야 하는데, 각 사업장의 사례관리 담당자 1인 이상이 참여하는 5명 이내의 초점집단 면접(Focus Group Interview, FGI)을 적어도 1년에 1회 정도 실시하는 방안이 현실적이며, 면접에 활용될 반구조화된 질문지에는 다음과 같은 내용들이 포함되어야 한다.

- 사례관리 실천과정(접수 ~ 사후관리)의 경험과 개선의견
- 지역별, 기관별 특성에 따른 실천과정의 차이점이나 고유성
- 사례관리 실천과정에 대한 의견과 개선방안
- 외부기관과의 연계와 협력활동에 대한 경험과 개선의견
- 사례관리의 원칙들을 실천과정에 어떻게 반영하고 있는지에 대한 파악

서비스 이용자를 실천과정의 평가에 초대하여 그들의 고유한 경험과 입장을 이해하는 것도 필요하다. 각 사업장의 사례관리에 참여한 아동과 가족에 대한 초점집단면접을 연 1회 정도 기획하여 다음의 질문들에 대한 평가를 수행하는 것도 중요한 과정평가 과업이다.

- 사례관리의 각 과정에 대한 경험과 개선의견
- 사례관리 담당자들이 실천과정에 사업의 원칙(이용자와 가족중심, 옹호적 접근, 강점과 해결중심 등)을 잘 반영하여 일하는지 여부
- 이용자의 입장과 변화에 가장 도움이 되는 실무자와 기관의 노력

기관내 사례관리 실무자나 서비스 이용자 외에도, 월드비전 사업장과 연계하여 일하는 실무자를 통한 과정평가도 수반되어야 하는데 월드비전 사례관리 활동에 참여한 외부연계기관의 실무자를 대상으로 초점집단 면접(Focus Group Interview, FGI)을 통해 다음과 같은 내용에 대해 과정평가를 수행할 수 있다.

• 월드비전 사례관리사업의 참여자로서 실천과정에 대한 경험과 개선의견
• 기관 간 연계와 협력활동에 대한 의견과 개선방안

사업이 안정화되고 다른 과정평가가 우선적으로 실시된 후 지역사회 내 연계기관 실무자들에 대한 면접은 1년에 1회 정도 실시하는 것이 현실적인 대안이다.

(2) 서비스와 자원에 대한 평가

사례관리의 주요한 구성요소 중 하나는 사례관리에 동원되는 자원과 서비스이다. 사례관리의 과정평가에 서비스와 자원에 대한 분석과 평가가 꼭 필요한데, 이를 통해 이용자의 욕구에 부합되는 서비스와 자원이 잘 계획되고 전달되는지를 파악할 수 있기 때문이다. 서비스와 자원에 대한 평가를 잘 하기 위해서는 우선 월드비전 사례관리 사업에서 제공되는 모든 내 · 외부 자원과 서비스의 종류에 대한 목록과 그 기능에 대한 분류가 경험적인(귀납적인) 방법으로 선행되어야 하지만, 이를 위해선 앞으로도 충분한 시간이 필요하다.

서비스와 자원에 대한 과정평가에서 꼭 파악되어야 할 내용들을 열거하자면 다음과 같다.

• 사례관리에 제공된 기관 내외의 서비스와 자원의 총목록
• 서비스와 자원의 기능별 범주화
• 서비스 제공방법의 유형화
• 기관 내부 서비스와 외부연계된 서비스의 비중
• 지역자원의 활용도
• 특정 욕구에 주로 제공되는 서비스의 종류와 양
• 사례별 서비스의 총량과 해당 서비스의 욕구 부합도

서비스와 자원에 대한 평가를 가장 용이하게 수행하는 방법은 사례관리 양식 중 하나인 서비스제공(과정기록지) 양식에 대한 집계와 내용분석을 정기적(반기 또는 1년)으로 하는 방법과 함께, 외부 자원연계활동을 기록하는 자원목록 기록지(아래 표 4-1 참조)를 통해 사업경과에 따라 연계자원의 종류와 내용의 변화를 평가하는 방법도 필요하다.

〈표 4-1〉 자원목록 기록지

번호	1	2	3	4	5	6	7	8	9	10		11	12	13		14	15	16	17
연번	자원명	자원출처	자원성격	자원영역	신규연계여부	연계경로	공식화정도	연계사업	연계사업내용	연계사업 횟수		연계내역	연계내역내용	연계내역 횟수		연계주도성	연계협력수준	연계신뢰수준	연계협력만족도
										발신	수신			발신	수신				
1																			
	담당자명:								연락처:								E-mail:		
2																			
	담당자명:								연락처:								E-mail:		
3																			
	담당자명:								연락처:								E-mail:		
· · ·																			
	담당자명:								연락처:								E-mail:		

출처 : 한국자원봉사협의회 · 숭실대학교(2007). 우리아이 희망네트워크 지원사업 성과평가 연구.

3) 과정평가 요약

월드비전의 사업장에서 수행되어야 할 과정평가의 주요 과업으로 크게 운영 체계(사례회의, 교육훈련 및 수퍼비전, 근무환경)와 운영과정에 대한 평가가 있고, 각 과업의 주요 평가질문과 수행방법들은 앞에서 소개되었다. 실제 평가활동이 수행되기 위해서는 면접내용과 양식자료에 대한 내용분석의 결과를 누가 어떤 기준을 가지고 지수화할 것인지를 정해야 하고, 일부 평가영역의 경우 더 구체화된 상세지표가 필요할 수도 있는데 그런 경우 본부와 사업장 실무인력들의 충분한 의사소통을 통해 그에 대한 합의가 선행되어야 한다. 과정평가를 기획할 때는 이런 점들이 고려되어야 하며, 과정평가의 수행은 본부 인력과 사업장 인력이 결합하여 공동으로 수행하는 것이 바람직하고, 각 지표나 질문의 달성정도에 따라 4점 척도로 평정하는 방법(4점 '우수', 3점 '만족', 2점 '부합', 1점 '개선')이나 100분위 점수로 평가하는 방법이 고려될 수 있다. 또한 과정평가의 주요 과업에 대해 향후 동일한 가중치를 줄 것인지, 영역별로 상이한 가중치를 줄 것인지에 대해서도 충분한 논의가 있어야 한다.

이상에서 논의된 과정평가의 영역을 평가대상, 평가주체, 평가방법, 평가주기와 시기로 구분하면 다음의 표로 정리될 수 있다.

〈표 4-2〉 과정평가(P1-P4)

평가영역		평가대상	평가주체	평가방법	평가주기	평가시기	비 고
운영체계	사례회의 (운영체계) (P1)	실무자	본부/지원단	실무자 FGI	연 1회	연말	
		양식/자료 (사례회의록)	본부/지원단	내용분석	연 2회	반기 말/연말	사업안정화 시 주기를 연 1회로

<table>
<tr><th colspan="2">평가영역</th><th>평가대상</th><th>평가주체</th><th>평가방법</th><th>평가주기</th><th>평가시기</th><th>비 고</th></tr>
<tr><td rowspan="2">운영체계</td><td>교육훈련과 수퍼비전 (P2)</td><td>실무자</td><td>본부</td><td>실무자 FGI + 조사표</td><td>연 1회</td><td>연말</td><td>교육훈련과 수퍼비전을 파악하는 조사표의 병용가능</td></tr>
<tr><td>근무환경 (P3)</td><td>실무자</td><td>본부/지원단</td><td>실무자 FGI + 조사표</td><td>연 1회</td><td>연말</td><td>근무환경을 파악하는 조사표의 병용가능</td></tr>
<tr><td rowspan="3">운영과정</td><td rowspan="3">실천과정 (P4-1)</td><td>양식/자료 (각종 양식)</td><td>본부</td><td>내용분석</td><td>연 2회</td><td>반기 말/연말</td><td>사업안정화 시 주기를 연 1회로</td></tr>
<tr><td>실무자</td><td>본부/지원단</td><td>실무자 FGI</td><td>연 1회</td><td>연말</td><td></td></tr>
<tr><td>서비스 이용자</td><td>본부/지원단</td><td>아동/가족FGI</td><td>연 1회</td><td>연말</td><td></td></tr>
<tr><td rowspan="2">운영과정</td><td>실천과정 (P4-1)</td><td>연계기관 실무자</td><td>본부/지원단</td><td>연계기관 실무자 FGI</td><td>연 1회</td><td>연말</td><td>사업안정화 시 TDI[12] 조사와 연동고려</td></tr>
<tr><td>서비스와 자원 (P4-2)</td><td>사업 보고서 사례파일</td><td>본부</td><td>양식/자료에 대한 내용분석</td><td>연 2회</td><td>반기 말/연말</td><td>서비스 기록 양식과 연계활동 기록지[13] 활용, 사업안정화 시 주기를 연 1회로</td></tr>
</table>

2. 성과평가

사례관리 사업이 월드비전의 가치와 실천원칙에 따라 계획되고 제안된 형태로 잘 운영되고 있는지를 평가하는 것이 과정평가의 목적이라면, 성과평가는 사례관리 실천을 통해 도출된 직 · 간접적인 결과(outcome)와 영향을 확인하는 과업이다. 전통적인 사회복지실천과 달리 사례관리 실천은 그 개입의 대상이나 영역이 더 포괄적이어서 그 결과나 영향도 다양한 수준(서비스이용자 수준, 기관과 실무자 수준, 지역사회 수준 등)에서 파악될 수 있다.

과정평가와 마찬가지로, 다음에 제시되는 다양한 성과평가의 수준과 영역이 한꺼번에 도입되는 것은 현실적으로 무리이며, 복지관과 가정개발센터로 구분되는 월드비전 사례관리 현장에 모든 성과평가의 과업이 동일하게 적용되기 어려운 것이 사실이다. 아울러 월드비전의 모든 아동사례에 대해 개입유형(기본형, 일반형, 통합형)의 고려 없이 동일한 성과평가의 기준이 적용되는 것도 무리라는 사실을 염두에 둘 필요가 있다.

성과평가에 대한 실무지침을 제안함에 있어서 이러한 점들이 고려되어야 하고, 매 3~4년마다 계획되는 TDI 조사와의 관계성도 고려하여 그 중복이 최소화되도록 성과평가의 내용이 마련되어야 하며, 이러한 점을 고려하여 성과평가의 영역과 실시방법이 다음에 논의되었다.

1) 성과평가의 수준과 영역

사례관리의 성과를 평가하는 과업도 그 범위가 매우 포괄적이다. 다음의 매트릭스에 제시되었듯이 필요하다고 판단되는 성과의 수준과 영역을 3가지씩만 과

---

12) TDI(Transformational Development Indicator, 변화를 가져오는 개발사업 지표)는 월드비전이 사업을 전개하는 지역에서 아동, 가정과 지역주민의 삶이 어떻게 변화하는지를 파악하는 지표

13) p. 146 이하 〈표 4-1〉을 더 참조

업으로 삼아도 총 9가지의 독립적인 성과평가 영역이 존재하는데, 수준과 영역을 하나씩 늘릴 때마다 평가에 대한 실무자와 조직의 부담은 늘어나기 마련이다.

〈표 4-3〉 성과평가의 수준과 영역

수준 \ 영역	만족도/목표달성	변화/효과성	효율성/비용편익
서비스이용자	1	2	3
사례관리 실무자 사례관리기관	4	5	6
연계자원과 지역사회	7	8	9

한정된 자원과 과중한 업무상황에서 위에 제시된 모든 영역의 성과평가를 수행하는 것은 불가능에 가깝다. 월드비전의 경우 사례관리 사업이 정착되는 과정에서 적어도 향후 2~3년 내에는 사례관리 과정에서 활용한 양식, 척도와 평가도구, 질적 자료수집 등을 통해 적어도 굵게 표시한 영역(1, 2, 4, 5, 7, 8)에서는 사례관리의 성과를 실증적으로 보여줄 필요가 있다. cell 1과 2에 대한 자료수집은 주로 서비스이용자인 아동과 가족을 대상으로 양적인 방법과 질적인 방법을 병행하여 실무자(또는 조사보조인력)가 수행하는 것이 보통이다.

사례관리 실무자, 기관, 지역사회수준의 성과를 파악하는 과업인 cell 4, 5, 7, 8은 기관 내외의 실무자가 자기보고하거나 독립적인 연구지원기관이 별도의 절차를 통해 수행하는 게 보통이다. 사례관리 서비스나 자원의 비용을 일관되게 산출할 수 있는 기준이나 표준이 잘 확립된다면 cell 3, 6, 9에 해당하는 경제적 측면과 비용적 측면의 효율성에 대해서도 평가를 해야 한다는 점을 염두에 두어야 하지만, 향후 2~3년 내에 cell 4, 5, 7, 8에 대한 성과평가의 결과를 확인하는 작업이 이루어져야 한다.

점진적인 성과관리의 체계화에 따라 성과평가가 시도된다고 가정하고 굵게 표시하여 강조된 6개 cell에 해당하는 평가내용과 수행절차, 조사도구의 예시 등을 소개하면 다음과 같다.

2) 성과평가의 내용, 도구, 방법

(1) 서비스 이용자 수준

① 서비스 만족도

사례관리 서비스의 이용자가 사례관리에서 받은 서비스에 대해 얼마나 만족하는지를 평가하는 과업으로 서비스만족도를 평가하는 조사표(다음 〈표 4-4〉를 참조)를 사례관리 과정 중 서비스 점검 및 평가 시에 사례관리참여자가 응답하도록 한다. 다만, 사례관리참여자의 인지기능이 현저히 떨어지거나 초등학교 4학년 이하로 어린 경우는 주보호자가 대신 응답하도록 하고 이를 활용한다. 현재 월드비전의 경우, 사례관리 유형이 3가지(기본형, 일반형, 통합형)로 구분되는데 재사정 주기에 맞춰 통합형의 경우 6개월에 1회, 일반형의 경우 연 1회, 기본형의 경우 2년에 1회 실시하도록 하는 게 현실적이라 판단된다.

만일, 척도형 서비스 만족도로 서비스에 관한 이용자의 의견을 충분히 들을 수 없다고 판단되면 개방형 질문을 보충하거나, 개방형 질문으로 이용자(아동+가족)의 초점집단면접을 연 1회 정도 수행해 평가하는 방법도 좋은 대안이다. 또한 과정평가에서도 아동 가족의 FGI를 실시하므로 그때 〈표 4-5〉의 만족도 개방형 질문을 함께 물어보는 것이 절차상 효율적일 것이다. 아울러 〈표 4-6〉과 같이 사례관리 실무자들이 이용자 가족을 중심에 두고 실천하였는지 여부와 그에 대해 얼마나 만족하는지를 파악할 수도 있다.

〈표 4-4〉 서비스 만족도

다음의 문항들은 귀하께서 월드비전을 통하여 이용하신 서비스에 대하여 얼마나 만족하시는지를 묻는 질문입니다. 귀하께서 동의하시는 정도를 해당되는 보기 중 선택하여 표시해 주십시오(12문항).

문 항		전혀 그렇지 않다	그렇지 않다	그렇다	매우 그렇다
본인(아동)과 가족은(이)	1. 적절한 양의 도움을 받았다.				
	2. 양질의 도움을 받았다.				
	3. 우리가 원하는 도움을 받았다.				
	4. 우리 가족을 대하는 센터 선생님의 태도에 대해 만족한다.				
	5. 월드비전의 도움을 통하여 원하던 것이 대부분 충족되었다.				
	6. 도움을 받았던(받은) 기간은 적절했다.				
	7. 주변에 우리와 비슷한 도움을 필요로 하는 사람이 있다면 이 기관을 추천할 것이다.				
	8. 받은 도움은 현재 우리 가족의 어려움을 효과적으로 처리하는 데 도움이 되었다.				
	9. 받은 도움에 대해 전반적으로 만족한다.				
	10. 어려움에 처할 때, 우리 가족은 이 기관에 다시 올 것이다.				
	11. 도움이 필요할 때, 선생님께 연락을 어렵지 않게 취할 수 있었다.				
	12. 월드비전 선생님에 대해 전반적으로 만족한다.				

출처 : 한국자원봉사협의회 · 숭실대학교(2007). 우리아이 희망네트워크 지원사업 성과평가 연구, pp.364~365.

〈표 4-5〉 만족도 개방형 질문

1. 월드비전(사업장명)을 통해 서비스를 이용하면서 무엇이 가장 도움이 되었나요?
   1.1 서비스 중 가장 만족스러운 서비스나 경험은 무엇인가요?
2. 월드비전(사업장명)을 통해 서비스를 이용하면서 아동(본인)이 변한 점이 있다면 어떤 게 있나요?
3. 월드비전(사업장명)을 통해 서비스를 이용하면서 가장 불편했거나 불만스러운 경험은 무엇이었나요?
4. 귀하와 가족에게 꼭 필요한 서비스였는데 월드비전(사업장명)을 통해 받지 못했거나 충분하지 못했던 서비스는 무엇이었나요?
   4.1 서비스를 못 받거나 부족하게 받은 이유는 무엇인가요?
5. 월드비전(사업장명)을 통해 귀하와 가족에게 더 나은 서비스를 제공하기 위해 보완하거나 개선해야 할 점은 무엇인가요?
6. 위의 질문 외에도 하시고 싶은 말씀이 있으면 간략히 말씀해 주세요.

〈표 4-6〉 가족중심 실천척도

다음의 문항들은 월드비전의 사례관리 담당자 선생님들과 만나며 경험한 일들에 관한 질문입니다. 본인이 경험한 정도를 ① 전혀 그렇지 않았다, ② 대체로 그렇지 않았다, ③ 중간이다, ④ 대체로 그랬다, ⑤ 항상 그랬다 중 하나를 선택하여 말씀해 주십시오(8문항).

문 항 월드비전 사례관리 담당자 선생님(들)은 ______	전혀 그렇지 않았다	대체로 그렇지 않았다	중간이다	대체로 그랬다	항상 그랬다
1. 우리 가족의 문제를 해결하는데 있어 나와 우리 가족을 중요한 팀의 일원으로 여겨 주었다.					
2. 나와 우리 가족이 잘하고 있는 것에 대해 말해 주었다.					
3. 나와 우리 가족의 생각, 습관, 생활방식을 존중해 주었다.					
4. 선생님과 만날 일이 있을 때, 나와 우리 가족의 사정에 맞추어 시간을 정해 주었다.					
5. 나와 우리 가족의 형편에 맞게 도움이 되는 일을 권해 주었다.					

문 항 월드비전 사례관리 담당자 선생님(들)은 ________	전혀 그렇지 않았다	대체로 그렇지 않았다	중간이다	대체로 그랬다	항상 그랬다
6. 나와 우리 가족이 다른 프로그램이나 기관으로부터 가능한 한 쉽게 서비스를 받을 수 있도록 도와주었다.					
7. 나와 우리 가족이 이해할 수 있는 일상적인 말로 이야기해 주었다.					
8. 다른 전문가들(사회복지사, 법무사, 공무원, 의사 등)을 만날 때 내가 말하고 싶은 바를 모두 얘기할 수 있도록 격려해 주었다.					

출처 : 한국자원봉사협의회 · 숭실대학교(2007). 우리아이 희망네트워크 지원사업 성과평가 연구(문항을 축소 재구성).

② 목표달성의 정도[14)]

서비스이용자의 욕구에 따라 수립된 서비스의 목표가 얼마나 잘 달성되었는지를 평가하여 사업의 성과를 드러내는 과업으로, 실천과정에 활용되는 서비스 점검표에서 이용자와 합의한 개입목표의 달성정도를 분석 평가하는 방법으로 파악이 가능하다. 합의된 목표나 하위목표가 계량화되지 않은 목표라면 목표달성의 정도는 주관적 평정에 의존할 수밖에 없는데, 단일 척도형[15)]으로 서비스이용자가 목표달성의 정도를 평가하거나 서비스 제공자가 함께 평가하는 방법을 동시에 고려해 볼 수 있다. 다른 사례관리 사업에서는 목표가 완전히 달성[16)]되었거나, 일정 수준 이상[17)]이라고 평정이 된다면 목표달성의 지표로 삼을 수 있고, 이용자의 욕구가 다양하여 서비스 계획과 개입목표가 여럿이면 합산하여 평균을 제시할 수도 있다. 서비스 만족도와 같이 사례종결 시에 1회 평가하는 것이 일반적이나, 기관의 자원이나 필요에 따라 점검과 재사정 시에도 날짜를 구분하여 목표달성 정도를 과정적으로 평가할 수도 있다.

14) 기본형, 일반형, 통합형 사례에 적용
15) 1문항 10점 척도로 점수가 높을수록 목표달성의 정도가 높음을 의미
16) 욕구나 문제상황이 완전히 해결된 상태, 10점 척도의 10점
17) 10점 척도의 경우 7점 이상

〈서식 예시 4-1〉 목표달성의 정도 기록양식

<table>
<tr><td>서비스 점검 및 평가표</td><td>(　)차 년 월 일
~ 년 월 일</td></tr>
</table>

<table>
<tr><td colspan="3">등록아동번호 :</td><td colspan="2">아동명 :</td><td colspan="4">사례관리 담당자 :</td><td colspan="2">점검날짜 :</td></tr>
<tr><td>점검대상</td><td colspan="3"></td><td colspan="1">점검방법</td><td colspan="4"></td><td colspan="2">점검장소</td></tr>
<tr><td colspan="3">서비스 만족도 평가</td><td colspan="2"></td><td colspan="4">가족중심 실천척도</td><td colspan="2"></td></tr>
<tr><td rowspan="2">욕구 영역별 합의한 변화 목표</td><td rowspan="2">계획 시 서비스 내용</td><td rowspan="2">주요 개입 내용</td><td rowspan="2">계획대비 변경 내용 및 사유</td><td colspan="6">사례관리 참여자 점검</td><td rowspan="2">사례관리 담당자 의견</td></tr>
<tr><td>적절성</td><td>적시성</td><td>충분성</td><td>목표달성도</td><td>심각도</td><td>욕구평가</td></tr>
<tr><td></td><td></td><td></td><td></td><td></td><td></td><td></td><td></td><td></td><td></td><td></td></tr>
<tr><td></td><td></td><td></td><td></td><td></td><td></td><td></td><td></td><td></td><td></td><td></td></tr>
<tr><td colspan="11">추후계획</td></tr>
<tr><td colspan="3">재사정필요</td><td>□ 예</td><td rowspan="4">세부 내용</td><td colspan="6" rowspan="4"></td></tr>
<tr><td colspan="3">서비스계획 수정필요</td><td>□ 예</td></tr>
<tr><td colspan="3">평가필요</td><td>□ 예</td></tr>
<tr><td colspan="3">종결필요</td><td>□ 예</td></tr>
</table>

③ 욕구충족수준과 욕구심각도의 변화[18]

사례관리의 이용자가 접수 또는 재사정 시에 표현한 욕구는 욕구 및 강점 사정표에 의해 안전영역에서 기타 영역까지 총 10개의 욕구대범주가 있다. 사례관리참여자의 욕구충족수준과 욕구심각도가 종결이나 점검 시에 얼마나 완화되었는지를 사례관리 서비스의 성과로 평가하는 과업으로, 욕구 및 강점 사정표의 욕구충족수준과 욕구심각도의 변화를 개입 전과 개입 후로 기입하여 활용

18) 일반형과 통합형 사례에만 적용하는 것이 현실적임

하면 된다. 현재 욕구충족수준은 3점 척도로, 욕구심각도는 4점 척도로 제안되었는데, 두 지표에 대해 개입 전과 개입 후의 차이를 비교하여 욕구별 개입 서비스의 효과에 대해서도 평가할 수 있다.

〈서식 예시 4-2〉 욕구충족과 욕구수준의 변화 기록양식

욕구 및 강점 사정지

<table>
<tr><td colspan="2">아동명</td><td></td><td colspan="2">등록아동
번호</td><td colspan="2"></td><td colspan="2">□ 신규
□ 재사정
( ) 차</td></tr>
<tr><td colspan="2">사례관리
담당자</td><td></td><td colspan="2">소 속</td><td></td><td>작성
일자</td><td colspan="2"></td></tr>
<tr><td colspan="2" rowspan="3">영역별 주요욕구
아동 및 주보호자의 인식</td><td rowspan="3">아동 및
주보호자
의
인식</td><td colspan="6">사례관리 담당자 평가</td></tr>
<tr><td colspan="2">현 상황</td><td rowspan="2">강점/
장애물
사정</td><td rowspan="2">욕구
평가</td><td rowspan="2">심
각
도</td><td rowspan="2">서비
스
수행
방법</td></tr>
<tr><td>내용</td><td>지표</td></tr>
<tr><td>안
전</td><td>가족외부로부터의 생명 및 안전에 위협을 받거나 받을 가능성 감소 및 안전확보</td><td></td><td></td><td></td><td></td><td></td><td></td><td></td></tr>
<tr><td>안
전</td><td>가족 내 폭력 및 학대, 방임으로부터의 안전 확보 및 보호</td><td></td><td></td><td>안전
(안전습관,
방임, 학대)</td><td></td><td></td><td></td><td></td></tr>
<tr><td rowspan="2">건
강</td><td>신체건강문제의 완화 및 회복</td><td></td><td></td><td>1. 영양 상태 향상 정도
2. 자녀 건강에 대한 인식</td><td></td><td></td><td></td><td></td></tr>
<tr><td>정서적인 문제, 정신건강문제(술, 약물, 자살 등)의 완화 및 회복</td><td></td><td></td><td>1. 행복 지수
2. 부모의 정신건강</td><td></td><td></td><td></td><td></td></tr>
</table>

④ 개입영역의 변화[19)]

현재 욕구 및 강점 사정표에 안전영역에서 기타 영역까지 총 10개의 욕구대범주가 개발되었고, 욕구에 대한 사정과 변화지표로서 TDI 지표(아동용+보호자용)를 활용하여 사례관리 개입영역의 변화를 파악할 수 있다. 우선 사례관리 참여자가 특정 욕구의 하위범주에 욕구를 표현하면, 그에 대응하는 TDI 척도(학대방임의 경우는 아동성장책임 척도, 심리정서의 경우는 행복지수 척도, 부모-자녀관계의 경우는 부모-자녀관계나 양육태도척도 등을 대응)를 사정 시에 활용하여 점수를 기록하고, 이를 종결 시에도 적용하여 사전 · 사후의 변화로 해당 개입영역의 성과를 파악한다.

만일 해당 욕구나 사정영역이 TDI 척도에 포함되지 않은 예외적인 경우라면, 이러한 척도들을 TDI 지표들과 별개로 사전 · 사후에 적용하여 변화를 보고하는 것으로 서비스이용자의 변화를 성과로 파악할 수 있다. 예를 들어, 특정 아동에 대해 주보호자의 강점(대처능력과 자원활용) 향상을 목표로 사례관리가 이루어졌다면, 아래 〈표 4-7〉에 제시된 강점척도[20)]를 개입 전과 개입 후에 적용하여 그 차이를 성과로 보고할 수 있겠다. 개입영역의 변화를 파악하기 위해서는 TDI 아동용 지표를 포함하여 다양한 척도들이 활용될 수 있는데, 이를 위해서는 사업경험을 토대로 최소 필요한 측정도구들의 목록과 그 활용에 대한 교육이 반드시 필요하다.

19) 개입영역의 변화 파악은 통합형에 국한하여 평가하는 것이 현실적임
20) 대처능력과 자원요인만 제시됨

〈표 4-7〉 강점척도(대처능력과 자원요인)

다음은 응답자 본인과 본인의 상황에 대해 어떻게 생각하는지를 묻는 질문입니다. 각 문항을 잘 읽고 본인의 의견과 가장 가까운 응답을 ① 전혀 그렇지 않다, ② 그렇지 않은 편이다, ③ 그저 그렇다, ④ 그런 편이다, ⑤ 매우 그렇다 중 하나를 선택하여 응답해 주시기 바랍니다(10문항).

내 용	전혀 그렇지 않다	그렇지 않은 편이다	그저 그렇다	그런 편이다	매우 그렇다
4. 나는 어려움을 피하지 않고 적극적으로 해결하려고 한다.					
6. 나는 도움이 필요할 때 어디에 가면 도움을 구할 수 있을지 잘 안다.					
11. 나는 새로운 상황에 잘 적응하려고 한다.					
13. 나를 격려하고 지지해 주는 사람들이 많다.					
18. 나는 더 나은 삶을 위한 구체적인 방안들에 대해 생각하고 있다.					
20. 나에게는 관심을 가지고 하는 활동(취미, 종교, 친목활동 등)이 있다.					
25. 나는 나의 미래에 대한 계획을 가지고 있다.					
27. 나는 상황을 개선시키기 위해 필요한 자원(예, 가족, 친구, 센터의 서비스 등)들을 잘 활용할 수 있다.					
32. 나는 내 나름대로의 문제해결 방법을 갖고 있다.					
34. 나는 나에게 도움이 되는 정보를 잘 얻는다.					

출처 : 한국자원봉사협의회 · 숭실대학교(2007). 우리아이 희망네트워크 지원사업 성과평가 연구.

(2) 사례관리 실무자와 기관수준

전술한 4가지 영역의 성과평가 과업들은 주로 서비스 이용자의 만족도와 변화를 파악하는 것인데 반해, 여기서 논의될 성과평가 과업들은 사례관리의 성과를 사례관리를 수행하는 기관 내외의 실무자들의 경험과 시각으로 확인하는 노력이다.

① 업무만족도[21)]

사례관리를 수행하는 기관내 사례관리 담당자의 업무만족도에 대한 정기적 평가를 통해 사례관리 활동이 서비스이용자뿐만 아니라 함께 일하는 실무자의 직무만족에도 기여하는 지를 평가하는 것으로, 한시적으로 1회 실시하거나 사업의 진행과정(사업시행 초기 vs. 사업 정착기)과 연결하여 사례관리 업무의 만족도 변화를 평가하기도 한다. 이는 사례관리의 성과를 사례관리를 담당하는 실무자의 측면에서 평가하는 것으로, 사례관리 실천과정의 개선을 위한 자료로도 유용하게 쓰인다. 아래 예시는 사례관리 업무만족도를 평가할 수 있는 척도에 대한 소개이다.

〈표 4-8〉 실무자의 업무만족도 평가척도

다음은 귀하의 직무와 관련된 항목들입니다. 각 항목을 잘 읽으시고 동의하시는 정도를 선택하여 해당되는 빈 칸에 ∨표를 해 주십시오.

내 용	전혀 그렇지 않다	그렇지 않은 편이다	보통이다	그런 편이다	정말 그렇다
1. 기관이 내가 일을 잘 할 수 있도록 충분한 행정적 지원을 해줘서 만족스럽다.					
2. 기관이 내가 하고 있는 일에 대해 격려와 지지를 해줘서 만족스럽다.					
3. 함께 일하는 동료직원들에 대해 만족한다.					
4. 내가 하는 일이 서비스이용자에게 도움이 되는 것 같아 보람을 느낀다.					

21) 업무만족도 평가대상은 복지관의 경우는 사례관리파트로 제한하고, 가정개발센터의 경우는 3인 모두를 포함시키는 것이 바람직할 것으로 판단됨

내 용	전혀 그렇지 않다	그렇지 않은 편이다	보통 이다	그런 편이다	정말 그렇다
5. 현재 내가 맡은 일이 나와 잘 맞아서 만족한다.					
6. 현재 내가 맡은 일의 양이 적당해서 만족한다.					
7. 일을 하면서 나의 전문성이 늘어가는 것 같아 흡족하다.					
8. 하고 있는 일이 업무 외의 개인적인 성장에도 도움이 되서 좋다.					
9. 내가 현재 활용하고 있는 실천모델이 마음에 들어 만족한다.					

출처 : 한국자원봉사협의회 · 숭실대학교(2007). 우리아이 희망네트워크 지원사업 성과평가 연구.

② 직무능력감의 변화[22]

사례관리 실천을 통해 사례관리 담당자의 업무능력과 전문성이 향상되는 것을 파악하는 것도 사례관리의 주요한 성과평가 과업 중 하나이다. 사례관리 담당자의 직무능력을 평가하는 도구(표 4-9 참조)를 정기적으로 실시하고 사업의 진행과정(시행 초기 vs. 정착기)과 연결하여 실무능력의 변화관찰도 가능하다. 이 역시 사례관리의 성과를 기관 내 실무자(사례관리 담당자)의 측면에서 평가하는 것인데, 수퍼비전과 교육훈련의 욕구를 헤아리는 데 유용한 자료가 된다.

22) 직무능력감 평가대상은 복지관의 경우는 사례관리파트로 제한하고 가정개발센터의 경우는 3인 모두를 포함시키는 것이 바람직할 것으로 판단됨

〈표 4-9〉 실무자의 직무능력감 평가척도

문 항	전혀 그렇지 않다	그렇지 않은 편이다	그저 그렇다	그런 편이다	정말 그렇다
1. 나는 업무수행에 필요한 자원을 동원할 수 있다.					
2. 나는 나의 업무와 관련하여 다른 사람들에게 인정받지 못한다.					
3. 문제가 발생했을 때, 나는 상사나 동료와 거리낌 없이 상의할 수 있다.					
4. 나는 내 업무와 관련하여 충분한 재량권을 갖고 있다.					
5. 나는 상사나 동료에게 나의 의견을 얘기할 수 있다.					
6. 어떠한 조직이라도 내가 노력하면 변화할 수 있다.					
7. 나는 때때로 내 업무와 관련하여 무엇을 해야 할지 잘 모를 때가 있다.					
8. 아무리 어려운 문제라도 최선을 다하면 해결할 수 있다.					
9. 나는 상사나 동료에게 업무와 관련하여 도움을 요청할 수 있다.					

출처 : 한국자원봉사협의회 · 숭실대학교(2007). 우리아이 희망네트워크 지원사업 성과평가 연구.

(3) 연계기관과 지역사회 수준

① 지역 연계기관 실무자의 월드비전 사례관리 사업이해도와 만족도

지역사회 중심의 사례관리를 실천하다보면 자연스럽게 지역사회 자체가 사례관리의 한 성과의 영역으로 자리하게 되는데, 지역사회의 다양한 변화를 모두 성과평가의 과업에 포함시키는 것은 가능하지도 않으며 쉽지도 않다. 지역사회 수준의 성과를 파악할 수 있는 용이한 방법 중의 하나로 월드비전과 함께 사례에 개입한 연계기관의 실무자들이 월드비전 사례관리 사업을 얼마나 이해하고 만족하는지를 파악하는 방법이 있다. 지역 실무자를 대상으로 사업 초기부터 이러한 평가를 시행하는 것은 무리일 것으로 판단되며, 적어도 사업이 정착되는 시점부터 매 2년마다 1회 정도 이러한 평가를 시도해 볼 수 있겠다.

아래의 척도는 사례관리를 수행하면서 함께 일한 경험이 있는 지역사회 내 자원연계 기관의 실무자가 월드비전의 사례관리 사업에 대한 이해를 어느 정도 하는지와 그에 대한 만족도를 평가할 때 활용이 가능하다. 매년 말 연계기관의 목록이 정리되면 사업장에서 10개 내외의 조사대상 기관과 실무자를 추천하고 이 중 반 정도를 본부에서 택하여 실무자를 대상으로 조사를 실시하는 것이 현실적 대안이라 여겨진다.

〈표 4-10〉 연계기관 실무자의 월드비전 사례관리 이해도와 만족도

다음은 월드비전과의 연계활동에 대한 귀하의 의견을 묻는 문항들입니다. 동감하는 정도를 선택하여 해당되는 빈 칸에 ∨표를 해주시기 바랍니다.

문 항	전혀 그렇지 않다	그렇지 않다	그렇다	매우 그렇다
1. 월드비전의 사례관리사업은 지역사회 아동과 가족복지서비스 연계활동을 활성화시키는 데 기여하고 있다.				
2. 월드비전의 사례관리사업은 지역사회 아동과 가족복지서비스 네트워크 형성에 기여하고 있다.				
3. 월드비전의 사례관리사업은 지역사회 아동과 가족복지서비스 네트워크를 적극적으로 활용하고 있다.				

문 항	전혀 그렇지 않다	그렇지 않다	그렇다	매우 그렇다
4. 월드비전의 사례관리사업은 지역사회 아동과 가족복지서비스를 증진시키는 데 공헌하고 있다.				

출처 : 한국자원봉사협의회 · 숭실대학교(2007). 우리아이 희망네트워크 지원사업 성과평가 연구 (문항을 축소 재구성).

② 지역 실무자의 자원연계 능력

지역사회 수준의 성과를 파악할 수 있는 또 다른 방법으로서 월드비전과 함께 일한 지역 연계 실무자들의 자원연계능력이 변화하는지 파악하는 방법이 있다. 연계기관의 실무자가 월드비전의 사례관리 사업에 참여하면서 자원연계 능력이 어떻게 변화하는지를 평가하여 지역사회 차원의 성과로 연결시키려는 노력인데, 사례관리 사업의 진행과정(사업시행 초기 vs. 사업 정착기)과 연결하여 연계능력의 변화를 평가하기도 한다. 아래의 예시는 외부 실무자의 자원연계 능력을 평가할 때 활용가능한 척도이다. 연계기관 실무자의 사업이해도를 조사하는 경우와 같이 연계기관 목록에서 사업장이 10개 내외의 조사대상 기관과 실무자를 추천하면 이 중 반 정도를 본부에서 택하여 조사를 실시하는 것이 현실적 대안이다.

〈표 4-11〉 연계기관 실무자의 자원연계 능력

다음은 귀하의 자원연계 능력에 대한 귀하의 생각을 묻는 문항들입니다. 동감하는 정도를 선택하여 해당되는 빈 칸에 ∨표를 해주시기 바랍니다.

문 항		전혀 그렇지 않다	그렇지 않다	보통이다	그렇다	매우 그렇다
월드비전과 함께 사례관리에 참여하면서	1. 성공적인 자원 개발 경험을 하게 되었다.					

월드비전과 함께 사례관리에 참여하면서	2. 자원 개발에 자신감을 가지게 되었다.					
	3. 서비스 이용자에 적합한 자원을 연계하는 능력이 향상되었다.					
	4. 타 기관이나 개인과의 역할을 조정하는 능력이 향상되었다.					
	5. 타 기관이나 개인과 의견이 맞지 않을 때 완화시키거나 해결하는 방법을 습득하게 되었다.					
	6. 타 기관이나 개인과 공동사업을 기획하고 수행하는 능력이 향상되었다.					
	7. 전반적인 업무 수행에 도움이 되었다.					

출처 : 한국자원봉사협의회 · 숭실대학교(2007). 우리아이 희망네트워크 지원사업 성과평가 연구.

③ 지역사회 제도와 구조의 변화

지역사회 수준의 성과를 파악하는 다른 방법으로 월드비전의 사례관리와 옹호활동이 지역사회에 가져온 제도와 시스템의 변화를 파악해 볼 수 있다. 월드비전과 함께 사례에 개입한 연계기관의 실무자를 대상으로 사례관리 실천과정이 지역사회 내 제도와 구조의 변화에 기여한 점을 파악할 수 있다면 사업의 다섯 번째 목표인 사회제도와 구조의 변화를 잘 드러낼 수 있다.

구조화된 조사표를 사용하여 지역사회 내 제도와 구조의 변화를 파악할 수도 있지만 초점집단면접과 같은 질적인 방법이 변화의 내용을 구체적으로 파악하는 데 더 적절할 것으로 판단된다. 권역별로 월드비전과 사례관리 활동을 충분히 경험한 연계기관 실무자 5명 내외를 초대하여 연 1회 정도 FGI를 수행하는 방법이 좋은 대안이다. 과정평가에서도 연계기관 실무자 FGI를 실시하므로 그 때 동시에 해당 내용을 포함시켜 진행하는 것이 절차상 효율적일 것이라 판단된다.

〈표 4-12〉 지역사회 제도와 구조의 변화(개방형 질문)

월드비전과 함께 사례관리와 옹호활동에 참여하면서 경험한 것으로
1. 사례관리 참여자, 실무자, 기관의 사업수행을 돕기 위해 새롭게 생긴 서비스나 프로그램에 대해 알고 있는 바가 있습니까? 2. 사례관리 참여자, 실무자, 기관의 사업수행을 돕기 위해 새롭게 생긴 제도나 절차에 대해 알고 있는 바가 있습니까? 3. 사례관리 참여자, 실무자, 기관의 사업수행을 돕기 위해 새롭게 생긴 법, 조례, 규칙 등에 대해 알고 있는 바가 있습니까? 4. 사례관리 참여자, 실무자, 기관의 사업수행을 돕기 위해 새롭게 생긴 조직이나 기관들에 대해 알고 있는 바가 있습니까? 5. 사례관리 참여자, 실무자, 기관의 사업수행에 도움이 되는 지역사회 내 인식이나 의식의 변화에 대해 알고 있는 바가 있습니까? 6. 위의 질문 외에도 일하시는 지역사회 내 변화와 관련하여 하시고 싶은 말씀이 있으면 말씀해 주세요.

3) 성과평가 요약

이상에서 논의된 성과평가의 3가지 수준과 9가지 평가과업을 평가대상, 평가주체, 평가방법, 평가주기와 시기로 구분하여 정리하면 다음의 표로 요약된다.

〈표 4-13〉 성과평가(O1-O9)

평가수준	평가영역	평가대상	평가 주체	평가방법	평가 시기/주기	비 고
이용자수준	서비스 만족도 (O1)	서비스 이용자[23]	사업장	〈표 4-4〉와 〈표 4-6〉(조사표)을 이용한 Survey와 〈표 4-5〉를 이용한 이용자 FGI	조사표의 경우 통합형/일반형 사례는 점검 및 평가 시에, 기본형 사례는 재결연심사 시와 연동, 이용자 FGI는 연 1회	Survey와 FGI 병행
	목표달성 정도[24] (O2)	서비스 이용자	사업장	〈서식 예시 4-1〉을 이용한 집계	종결 시 (또는 재사정 시)	
	욕구수준과 심각도의 변화[25] (O3)	서비스 이용자	사업장	〈서식 예시 4-2〉를 사전 사후비교	점검 및 평가 시	
	개입 영역의 변화[26] (O4)	서비스 이용자	사업장	TDI 척도 4가지와 〈표 4-7〉의 강점 척도 등을 사전 사후비교	점검 및 평가 시	
실무자기관	업무 만족도 (O5)	사업장내 사례관리 실무자[27]	본부	〈표 4-8〉을 이용한 집계	연말에 연 1회	연차별 비교 가능

23) 5학년 이상 아동인 경우는 본인, 그 외는 주보호자

24) 기본형, 일반형, 통합형 사례에 적용

25) 기본형의 사례의 경우는 평가에서 제외하고 일반형과 통합형 사례에만 적용

26) 개입영역의 변화 파악은 통합형에 국한하여 평가

27) 업무만족도 평가대상은 복지관의 경우는 사례관리파트로 제한하고 FDC의 경우는 3인 모두를 포함

평가수준 \ 평가영역		평가대상	평가 주체	평가방법	평가 시기/주기	비 고
실무자기관	직무능력감의 변화(O6)	사업장 내 사례관리 실무자[28]	본부	〈표 4-9〉를 사전 · 사후비교	사업 초기를 기초선으로 하고 연말에 1회[29]씩	
연계기관지역사회수준	사업이해도와 만족도(O7)	외부 연계기관 실무자	본부	〈표 4-10〉을 이용한 집계	사업이 정착되는 시점으로 하고 매 2년마다 1회 정도	연차별 비교 가능
	지역 실무자의 자원 연계 능력(O8)	외부 연계기관 실무자	본부	〈표 4-11〉을 연차별 비교	사업 초기를 기초선으로 하고 매년 1회 정도	특정 시점 간 사전 사후 비교 가능
	지역사회 제도와 구조의 변화(O9)	외부 연계기관 실무자	본부	〈표 4-12〉를 이용한 연계기관 실무자 FGI	연말에 연 1회	과정 평가 FGI와 대상이 같으므로 병행

28) 직무능력감 평가대상은 복지관의 경우는 사례관리파트로 제한하고 FDC의 경우는 3인 모두를 포함

29) 2012년까지는 매년 1회 정도 실시하고 이후부터는 매 2년마다 1회씩 실시하도록 권고함

3. 목표에 따른 평가체계

지금까지 월드비전 사례관리사업의 과정과 성과를 파악할 수 있는 주요 과업들(과정평가 P1–P4와 성과평가 O1–O9)의 내용과 활용가능한 지표들이 제시되었는데, 평가에 동원되는 모든 도구나 지표들은 월드비전 사례관리 사업의 5가지 목표들과 유기적으로 연결되어야 하고 목표들을 효과적으로 드러내는 수단이 되어야 한다. 다음의 〈표 4–14〉는 사례관리사업의 5가지 목표와 평가에 활용되는 과업과 지표를 연결지어 제시한 것으로 각 평가의 내용이 어떻게 상위의 사업목표를 파악하는 수단이 되는지를 보여준다.

〈평가과업의 약어 참조〉

P : 운영체계 및 과정평가
P1 : 사례회의에 대한 평가
P2 : 교육훈련과 수퍼비전에 대한 평가
P3 : 근무환경에 대한 평가
P4 : 실천과정에 대한 평가(P4–1)와 서비스와 자원에 대한 평가(P4–2)

O : 성과평가
O1 : 이용자수준에서 서비스만족도에 대한 성과평가
O2 : 이용자수준에서 목표달성정도에 대한 성과평가
O3 : 이용자수준에서 욕구수준과 심각도의 변화에 대한 성과평가
O4 : 이용자수준에서 개입영역의 변화에 대한 성과평가
O5 : 실무자 기관수준에서 업무만족도에 대한 성과평가
O6 : 실무자 기관수준에서 직무능력감의 변화에 대한 성과평가
O7 : 연계기관 지역사회수준에서 사업이해도와 만족도에 대한 성과평가
O8 : 연계기관 지역사회수준에서 연계실무자의 자원연계능력 변화에 대한 성과평가

O9 : 연계기관 지역사회수준에서 지역사회제도와 구조의 변화에 대한 성과 평가

〈표 4-14〉 사업목표와 평가과업의 연결

사업의 목표	평가과업		주요 지표	비 고
아동과 가족의 복지향상	과정	P4-1	이용자의 경험	
	성과	O1, O2, O3, O4	서비스만족도, 목표달성정도, 욕구충족과 욕구수준의 변화, 개입영역의 변화	
아동의 능력 강화	과정	P4-1	이용자의 경험	
	성과	O4	강점척도의 활용 또는 TDI 아동용 문제해결 척도활용	
관계성의 회복	과정	P4-1	이용자, 실무자, 연계기관 실무자의 경험	
	성과	O4, O6, O8, O9	개입영역의 변화, 실무자의 능력 강화, 지역자원과 제도의 변화	자원목록 기록지의 활용[30]
상호의존적 지역사회의 역량강화	과정	P4-1	이용자, 실무자, 연계기관 실무자의 경험과 인식	연계기관 실무자 FGI 필요
	성과	O7, O8, O9	개입영역의 변화, 실무자의 능력 강화, 지역자원과 제도의 변화	자원목록 기록지의 활용

30) p.146에 제시된 자원목록기록지의 양식과 지침을 참조할 것

사업의 목표	평가과업		주요 지표	비 고
사회제도와 구조의 변화	과정	P4-1	이용자, 실무자, 연계기관 실무자의 경험과 인식(FGI 내용분석)	
	성과	O8, O9	지역자원과 제도의의 변화(연계기관 실무자의 FGI 분석)	TDI 실무자용 옹호지표도 활용 가능

4. 성과관리를 위한 정보시스템의 활용

사례관리를 포함하여 사회복지실천에 있어 실천의 기록은 매우 중요한 과업임에도 불구하고 타 업무에 비해 정보의 효율적 활용을 위한 자원의 투입이 부족하거나 소홀하게 여겨져 왔다. 아직도 현장의 많은 부분에서 실천과정의 기록이 워드프로세스나 엑셀 등의 작업에 의존하고 있는 게 현실인데, 비교적 최근에 통합서비스를 제공하는 기관을 중심으로 실천업무나 사례관리업무 기록을 위한 전산 프로그램이 개발되고 보급되었다. 다양한 자원체계를 통해 통합적인 서비스를 제공하는 사례관리에서는 업무를 체계적으로 기록하고 정리하는데 기존의 기록관리 시스템으로는 많은 어려움이 따른다. 이에 실무자들의 업무효율을 높이고 사례관리 서비스 제공과정에서의 제반활동을 효과적으로 기록하고 공유할 수 있는 체계적인 서비스관리 프로그램이 필요하다.

사례관리는 다양한 운영체계와 자원망을 통해 서비스가 계획되고 집행되기 때문에, 각 체계가 정보를 공유하고 효율적으로 의사소통할 수 있는 채널을 확보하는 것이 사업운용에 필요한 조건이며, 사례관리에 참여하는 모든 이해 당사자들이 이 채널에 적극적으로 참여해야 한다. 월드비전이 지향하는 사례관리 사업의 실천원칙과 지향점들은 사업을 함께 수행하는 모든 이들(이용자와 가족,

기관 내 수직적 · 수평적 실무인력, 외부의 연계자원과 실무자 등)로 하여금 실천과정 전반에 걸쳐 적극적으로 정보를 공유하고 함께 활용해야 하는 실천원칙을 자연스럽게 제시해 주고 있다. 체계적인 서비스관리시스템은 사업참여 당사자들의 적극적인 정보 공유 외에 팀 접근, 평가활동, 복지자원의 효율적 활용 등을 위해서 유용한 도구가 된다.

월드비전이 수행 중인 사례관리 정보시스템은 실천의 이용자 규모, 참여 실무자 규모, 실천과정에 대한 기록과 문서화 수준, 연계활동의 파악, 사례관리 실천 과정과 성과평가의 연결 등을 고려하였으며, 이 모든 과정을 통합적이고 효율적으로 관리할 수 있는 개선된 정보관리 시스템이 도입되었다. 도입된 서비스 정보시스템은 월드비전 사례관리 실천의 모든 활동을 효율적으로 기록하고 성과가 잘 드러나도록 돕는 기제로 활용되어야 한다.

개선된 서비스 정보시스템이 가져다줄 유용한 측면으로는 다음과 같은 점이 부각될 수 있다.

- 자원의 흐름(투입과 산출)과 활용에 대한 효과적인 관리
- 효율적 기록(중복 방지)
- 실천 과정과 성과의 유기적 연결
- 적극적 정보 공유(기관 내 · 외부)를 통한 서비스의 질 제고
- 사업과 기관의 책임성의 제고

새로운 정보 시스템의 도입으로 야기될 변화에 대한 염려와 고려사항은 다음과 같다.

- 변화로 인한 실무진의 스트레스가 시스템 안정기까지 잘 관리되어야 함
- 시스템도입에 수반되는 비용(도입+유지보수/개선)에 대한 고려가 필요함
- 신규 시스템의 활용을 위한 교육훈련이 동반되어야 함
- 이용자의 정보보호와 비밀보장에 대한 윤리적 기준도 별도로 마련되어야 함

부 록

1. 서비스 점검 및 평가 관련 설문지

1) 서비스 만족도

<table>
<tr><th colspan="2">문 항</th><th>코드 설명</th></tr>
<tr><td rowspan="13">본인(우리 아이)과 가족은(이)</td><td>1. 적절한 양의 도움을 받았다.</td><td rowspan="13">1 = 전혀 그렇지 않다
2 = 그렇지 않다
3 = 그렇다
4 = 매우 그렇다</td></tr>
<tr><td>2. 양질의 도움을 받았다.</td></tr>
<tr><td>3. 우리가 원하는 도움을 받았다.</td></tr>
<tr><td>4. 우리 가족을 대하는 센터 선생님의 태도에 대해 만족한다.</td></tr>
<tr><td>5. 월드비전의 도움을 통하여 원하던 것이 대부분 충족되었다.</td></tr>
<tr><td>6. 도움을 받았던(받은) 기간은 적절했다.</td></tr>
<tr><td>7. 주변에 우리와 비슷한 도움을 필요로 하는 사람이 있다면 이 기관을 추천할 것이다.</td></tr>
<tr><td>8. 받은 도움은 현재 우리 가족의 어려움을 효과적으로 처리하는 데 도움이 되었다.</td></tr>
<tr><td>9. 도움에 대해 전반적으로 만족한다.</td></tr>
<tr><td>10. 어려움에 처할 때, 우리 가족은 이 기관에 다시 올 것이다.</td></tr>
<tr><td>11. 도움이 필요할 때, 선생님께 연락을 어렵지 않게 취할 수 있었다.</td></tr>
<tr><td>12. 월드비전 선생님에 대해 전반적으로 만족한다.</td></tr>
<tr><td>13. 도움을 필요로 할 때마다 적절한 도움을 받을 수 있었다.</td></tr>
</table>

2) 가족중심 실천 척도

문 항	코드 설명
월드비전 사례관리자 선생님(들)은 ______________	
1. 나와 우리 가족이 잘하고 있는 것에 대해 말해주었다.	1 = 전혀 그렇지 않았다 2 = 대체로 그렇지 않다 3 = 중간이다 4 = 대체로 그랬다 5 = 항상 그랬다
2. 나와 우리 가족의 생각, 습관, 생활방식을 존중해주었다.	
3. 선생님과 만날 일이 있을 때, 나와 우리 가족의 사정에 맞추어 시간을 정해 주었다.	
4. 나와 우리 가족의 형편에 맞게 도움이 되는 일을 권해주었다.	
5. 나와 우리 가족이 다른 프로그램이나 기관으로부터 가능한 한 쉽게 서비스를 받을 수 있도록 도와주었다.	
6. 나와 우리 가족이 이해할 수 있는 일상적인 말로 이야기해 주었다.	
7. 다른 전문가들(사회복지사, 법무사, 공무원, 의사 등)을 만날 때 내가 말하고 싶은 바를 모두 얘기할 수 있도록 격려해 주었다.	

2. 욕구 및 강점 사정지 관련 지표 설문지

(* 아래 설문 내용은 사전 · 사후 비교를 위한 자료로 단일 조사 결과에 대한 해석 및 척도용으로는 해당되지 않음)

1) 안전 – 가족내 폭력(아동용)

문 항	코드 설명
1. 위험한 물질(약품, 물건, 화기 등)은 여러분의 손이 닿지 않는 곳에 보관하고 계십니까?	1 = 아니요 2 = 예
2. 위험한 놀이 및 운동을 할 때 여러분의 부모님(보호자)은 보호장구를 사용하도록 주의를 주십니까? (예, 헬멧, 무릎보호대, 팔보호대 등)	
3. 최근 6개월 동안 여러분은 집에서 하루에 12시간 이상 성인이나 보호자 없이 혼자 있었던 적이 있습니까?	1. 자주 있었다 2. 가끔 있었다 3. 전혀 없었다
4. 부모님이 나를 밀쳐서 벽에 머리를 부딪쳤다.	
5. 부모님이 주위의 물건(재떨이, 그릇, 의자 등)을 던져서 내가 맞았다.	
6. 부모님의 발에 차이거나 깨물리거나 주먹에 맞았다.	

문 항	코드 설명
7. 부모님이 휘두르는 몽둥이나 굵은 막대기, 허리띠 등으로 맞았다.	1 = 일주일에 1-2번 정도 2 = 한 달에 1-2번 정도 3 = 2-3개월에 1-2번 정도 4 = 1년에 1-2번 정도 5 = 전혀 없었다
8. 부모님이 칼이나 흉기(송곳, 못, 도끼 등)로 나를 찔렀다.	
9. 내가 수치심과 모욕감을 느낄 정도로 부모님이 꾸짖은 적이 있다.	
10. 부모님이 나에게 '너만 없으면 속이 편할 것이다'와 같은 말을 하였다.	
11. 부모님이 나에게 '멍청한 것', '개만 못한 것', '바보자식' 과 같은 모욕적인 말을 하였다.	
12. 학교수업이 끝난 후 내가 집에 늦게 들어와도 우리 부모님은 관심이 없다.	
13. 부모님이 외출하여 어두워질 때까지 나 혼자 집을 본 적이 있다.	
14. 나는 더러운 옷을 입고 지내거나 습기 찬 이부자리에서 잠을 잔 적이 있다.	
15. 부모님이 내가 고열이 나거나 아파도 그냥 내버려 둔 적이 있다.	
16. 부모님은 이유없이 내가 학교에 결석해도 나에게 아무 말 안 한다.	
17. 부모님은 내가 몰래 남의 물건이나 돈을 가져가도 모른 체 한다.	
18. 부모님은 내가 몰래 PC방이나 오락실에 출입하는 것을 알면서도 모른 체 한다.	

2-1) 건강-신체적 건강-아동용

문 항	코드 설명
1. 매일 아침을 먹습니까?	1 = 거의 먹지 않는다 2 = 먹는 편이다 3 = 항상 먹는다
2. 매일 점심을 먹습니까?	
3. 매일 저녁을 먹습니까	
4. 생선, 고기, 달걀, 콩 제품 중 한 가지 이상 매일 먹습니까?	1 = 아니요 2 = 예
5. 채소반찬을 아침, 점심, 저녁 모두 먹고 있습니까?	
6. 우유나 유제품을 거의 매일 먹습니까?	
7. 간식을 하루 1회 이상 먹습니까?	
8. 과일을 거의 매일 먹습니까?	

문　항	코드 설명
9. 라면과 같은 인스턴트 식품 등을 주 3회 이상 먹습니까?	1 = 아니요 2 = 예
10. 건강보조제(영양제나 비타민)를 먹습니까?	
11. 매일 식사의 양을 거의 일정하게 먹습니까?	
12. 경제적인 어려움 때문에 집에 먹을 것을 살 돈이 없어서 걱정한 적이 있습니까?	1 = 항상 거의 그렇다 2 = 가끔 그렇다 3 = 전혀 그렇지 않다
13. 경제적인 어려움 때문에 먹을 것이 떨어졌는데도 더 살 돈이 없었던 적이 있습니까?	
14. 얼마나 자주 경제적인 어려움 때문에 균형 잡힌 식사(다양한 식품을 충분한 양으로)를 먹을 수가 없었습니까?	
15. 경제적인 어려움 때문에 먹을 것을 살 돈이 없어서 몇 가지 값싼 것만 먹은 적이 있습니까?	
16. 경제적인 어려움 때문에 먹을 것을 충분히 살 수 없어서 식사의 양을 줄이거나 식사를 거른 적이 있습니까?	
17. 경제적인 어려움 때문에 먹을 것을 충분히 살 수 없어서 먹어야 한다고 생각하는 양보다 적게 먹은 적이 있습니까?	
18. 경제적인 어려움 때문에 먹을 것을 살 돈이 없어서 끼니를 거른 적이 있습니까?	
19. 경제적인 어려움 때문에 먹을 것을 살 돈이 없어서 배가 고픈데도 먹지 못한 적이 있습니까?	
20. 경제적인 어려움 때문에 먹을 것을 살 돈이 없어서 하루종일 끼니를 거른 적이 있습니까?	

2-2) 건강-신체적 건강-보호자용

문　항	코드 설명
자녀의 건강상태는 어떻습니까?	1. 건강이 아주 안 좋다 2. 건강하지 않은 편이다 3. 건강한 편이다 4. 아주 건강하다

3-1) 건강-정서적 건강-아동용

<table>
<tr><th>문 항</th><th>코드 설명</th></tr>
<tr><td>1. 나는 행복하다.</td><td rowspan="6">1 = 전혀 그렇지 않다
2 = 별로 그렇지 않다
3 = 그런 편이다
4 = 매우 그렇다</td></tr>
<tr><td>2. 나는 대체로 기분이 좋다.</td></tr>
<tr><td>3. 일기나 편지에 자살에 대한 말을 자주 하지 않는다.</td></tr>
<tr><td>4. 나는 불행하지 않은 편이라고 생각한다.</td></tr>
<tr><td>5. 나는 평소에 즐겁게 생활한다.</td></tr>
<tr><td>6. 나는 스트레스를 많이 받지 않는다.</td></tr>
<tr><td>7. 전반적으로 나의 삶은 내가 생각하는 이상적인 삶에 가깝다.</td><td rowspan="5">1 = 전혀 그렇지 않다
2 = 그렇지 않다
3 = 별로 그렇지 않다
4 = 보통
5 = 그런 편이다
6 = 그렇다
7 = 매우 그렇다</td></tr>
<tr><td>8. 나의 삶의 조건들은 매우 훌륭하다.</td></tr>
<tr><td>9. 나는 나의 삶에 만족한다.</td></tr>
<tr><td>10. 지금까지 살아오면서 나는 원했던 중요한 것들을 얻었다.</td></tr>
<tr><td>11. 만약 내가 인생을 다시 산다 해도, 거의 아무 것도 바꾸지 않을 것이다.</td></tr>
<tr><td>12. 기쁨</td><td rowspan="5">1 = 전혀 느낀 적 없다
2 = 아주 조금 느꼈다
3 = 때때로 느꼈다
4 = 반 정도 느꼈다
5 = 많은 시간 느꼈다
6 = 거의 항상 느꼈다
7 = 항상 느꼈다</td></tr>
<tr><td>13. 행복감</td></tr>
<tr><td>14. 쾌활함</td></tr>
<tr><td>15. 자랑스러움</td></tr>
<tr><td>16. 감사함</td></tr>
<tr><td>17. 스트레스</td><td rowspan="9">1 = 항상 느꼈다
2 = 거의 항상 느꼈다
3 = 많은 시간 느꼈다
4 = 반 정도 느꼈다
5 = 때때로 느꼈다
6 = 아주 조금 느꼈다
7 = 전혀 느낀 적 없다</td></tr>
<tr><td>18. 걱정</td></tr>
<tr><td>19. 화남</td></tr>
<tr><td>20. 수치심</td></tr>
<tr><td>21. 불쾌함</td></tr>
<tr><td>22. 죄책감</td></tr>
<tr><td>23. 질투</td></tr>
<tr><td>24. 슬픔</td></tr>
<tr><td>25. 말다툼을 자주 한다.</td></tr>
</table>

문 항	코드 설명
26. 허풍치고 자랑을 많이 한다.	
27. 외롭다고 불평한다.	
28. 잘 운다.	
29. 남을 괴롭히고 못살게 군다.	
30. 자기에게 관심을 많이 가져주기를 요구한다.	
31. 자기 물건을 부순다.	
32. 가족이나 다른 아이의 물건을 부순다.	
33. 집에서 말을 안 듣는다.	
34. 학교에서 말을 안 듣는다.	
35. 나쁜 일을 저지르고도 아무렇지 않게 생각한다.	
36. 샘을 잘 낸다.	
37. 나쁜 생각이나 나쁜 행동을 할까 두려워한다.	
38. 스스로 완벽해야 된다고 생각한다.	1 = 자주 그런다 2 = 가끔 그런다 3 = 전혀 그렇지 않다
39. 아무도 자기를 사랑하지 않는다고 불평한다.	
40. 남들이 자기를 해치려한다고 생각한다.	
41. 자기가 가치가 없거나 남보다 못 하다고 생각한다.	
42. 자주 싸운다.	
43. 나쁜 친구들과 어울려 다닌다.	
44. 혼자 있는 것을 좋아한다.	
45. 거짓말을 하거나 남들을 속인다.	
46. 신경이 날카롭고 신경질적이거나 긴장되어 있다.	
47. 지나치게 겁이 많거나 불안해한다.	
48. 지나치게 죄책감을 느낀다.	
49. 신체적으로 남을 공격한다.	
50. 자기보다 나이가 많은 애들과 노는 것을 더 좋아한다.	
51. 말을 하지 않으려 한다.	

문 항	코드 설명
52. 가출한다.	
53. 고함을 지른다.	
54. 숨기는 것이 많고 남에게 속을 털어 놓지 않는다.	
55. 자의식이 지나치고 쉽게 무안해 한다.	
56. 불을 지른다.	
57. 으스대거나 남을 웃기려고 싱거운 짓을 한다.	
58. 잘 운다.	
59. 수줍거나 소심하다.	
60. 멍하니 허공을 응시하곤 한다.	
61. 집안에서 도벽이 있다.	
62. 집밖에서 도벽이 있다.	
62. 고집이 세고 시무룩해지거나 성질을 부린다.	
63. 감정이나 기분이 갑자기 변하곤 한다.	1 = 자주 그런다 2 = 가끔 그런다 3 = 전혀 그렇지 않다
64. 자주 뾰루퉁해진다.	
65. 의심이 많다.	
66. 욕을 하거나 상스러운 말을 쓴다.	
67. 지나치게 수다스럽다.	
68. 남을 잘 놀린다.	
69. 성미가 급하고 제 뜻대로 안 되면 데굴데굴 구른다.	
70. 성에 대해 너무 많이 생각한다.	
71. 남을 위협한다.	
72. 학교를 빼먹는다.(무단결석)	
73. 불행하다고 생각하거나 슬퍼하고 우울해 한다.	
74. 술을 마신다.	
75. 기물이나 시설을 부순다.	
76. 위축되서 남들과 어울리지 않으려고 한다.	
77. 걱정이 많다.	

3-2) 건강-정서적 건강-보호자용

<table>
<tr><th>문 항</th><th>코드 설명</th></tr>
<tr><td>1. 먹고 싶지 않고 식욕이 없다.</td><td rowspan="9">1 = 대부분 그랬다
(거의 항상)
2 = 종종 있었다
(일주일 한두 번)
3 = 가끔 있었다
(한달에 한두 번)
4 = 극히 드물다
(1년에 한두 번)</td></tr>
<tr><td>2. 상당히 우울했다.</td></tr>
<tr><td>3. 모든 일들이 힘들게 느껴졌다.</td></tr>
<tr><td>4. 잠을 설쳤다(잠을 잘 이루지 못했다).</td></tr>
<tr><td>5. 세상에 홀로 있는 듯한 외로움을 느꼈다.</td></tr>
<tr><td>7. 사람들이 나에게 차갑게 대하는 것 같았다.</td></tr>
<tr><td>8. 마음이 슬펐다.</td></tr>
<tr><td>9. 사람들이 나를 싫어하는 것 같았다.</td></tr>
<tr><td>10. 도무지 뭘 해 나갈 엄두가 나지 않았다.</td></tr>
<tr><td>11. 비교적 잘 지냈다.</td><td rowspan="2">1 = 극히 드물다
(1년에 한두 번)
2 = 가끔 있었다
(한달에 한두 번)
3 = 종종 있었다
(일주일 한두 번)
4 = 대부분 그랬다
(거의 항상)</td></tr>
<tr><td>12. 큰 불만 없이 생활했다.</td></tr>
</table>

4) 일상생활-여가활용능력-아동용

<table>
<tr><th>문 항</th><th>코드 설명</th></tr>
<tr><td>1. 자신의 여가생활에 대하여 어느 정도 만족 또는 불만을 느끼십니까?</td><td>1 = 매우 불만족
2 = 대체로 불만족
3 = 보통
4 = 대체로 만족
5 = 매우 만족</td></tr>
<tr><td colspan="2">2. 최근 1년간 아동청소년활동에 참여한 경험이 있습니까? 다음의 각 활동에 대하여 참여 경험이 있는지 그리고 자신의 참여 수준은 어느 정도였는지 모두 응답해 주세요. (※ 아동청소년활동 : 자신의 특기나 적성 계발을 위하여, 또는 취미, 여가 생활을 즐기기 위하여 학교 정규 수업시간 이외에 하는 활동)</td></tr>
</table>

<table>
<tr><th>문 항</th><th>코드 설명</th></tr>
<tr><td>1) 문화/예술 관련 활동(문학 창작 · 감상활동, 음악/연극/무용 등 공연 · 감상활동, 탈춤/민속놀이 등 전통문화체험활동, 문화유적 답사활동 등)</td><td rowspan="8">1 = 없다
2 = 주 1시간 이하
3 = 주 1~3 시간
4 = 주 3~5 시간
5 = 주 5시간 이상</td></tr>
<tr><td>2) 취미/특기 관련 활동(비디오/사진 촬영, 가요/댄스 공연, 악기 연주, 만화창작, 프라모델 제작, 서예/수공예/목공 활동, 바둑/체스 교습 등)</td></tr>
<tr><td>3) 과학/정보 관련 활동(인터넷/컴퓨터 경진대회, 학교/가족 신문 제작, 천체/기상 관측, 과학실험 · 실습활동 등)</td></tr>
<tr><td>4) 체력단련 관련 활동(축구, 야구, 농구, 태권도, 유도, 검도, 호신술, 등산 등)</td></tr>
<tr><td>5) 모험/개척 관련 활동(오리엔티어링, 오지체험, 행글라이딩, 수상체험활동, 인명구조활동, 산악자전거, 암벽등반, 번지점프, 무인도탐험 등)</td></tr>
<tr><td>6) 환경보호 관련 활동(환경보호 캠페인, 마을/생태지도 만들기, 환경오염측정, 농사체험, 꽃밭 가꾸기, 야생동물/조류관찰, 동굴탐사 등)</td></tr>
<tr><td>7) 직업능력 관련 활동(직업체험활동, 진로탐색활동, 직업/진로 적성 탐구활동 등)</td></tr>
<tr><td>8) 자원봉사활동(복지시설, 관공서, 양로원, 캠페인 활동 등)</td></tr>
<tr><td>9) 문화/예술 관련 활동(문학 창작 · 감상활동, 음악/연극/무용 등 공연 · 감상활동, 탈춤/민속놀이 등 전통문화 체험활동, 문화유적 답사활동 등)</td><td rowspan="4">1 = 참여만 하고 만족하는 수준의 활동
2 = 적극적으로 참여하는 수준의 활동
3 = 프로그램 시작부터 과정, 마무리까지 내 생각과 의견을 얘기하며 주체적으로 참여하는 활동
4 = 활동을 이끌어가는 리더의 역할을 하고 있는 활동</td></tr>
<tr><td>10) 취미/특기 관련 활동(비디오/사진 촬영, 가요/ 댄스 공연, 악기 연주, 만화창작, 프라모델 제작, 서예/수공예/목공 활동, 바둑/체스 교습 등)</td></tr>
<tr><td>11) 과학/정보 관련 활동(인터넷/컴퓨터 경진대회, 학교/ 가족 신문 제작, 천체/기상 관측, 과학실험 · 실습활동 등)</td></tr>
<tr><td>12) 체력단련 관련 활동(축구, 야구, 농구, 태권도, 유도, 검도, 호신술, 등산 등)</td></tr>
</table>

<table>
<tr><th>문 항</th><th>코드 설명</th></tr>
<tr><td>13) 모험/개척 관련 활동(오리엔티어링, 오지체험, 행글라이딩, 수상체험활동, 인명구조활동, 산악자전거, 암벽등반, 번지점프, 무인도탐험 등)</td><td rowspan="4">5 = 자신이 참여하는 활동으로 인해 학교나 인근 지역에 좋은 영향을 주고 있는 활동</td></tr>
<tr><td>14) 환경보호 관련 활동(환경보호 캠페인, 마을/생태지도 만들기, 환경오염측정, 농사체험, 꽃밭 가꾸기, 야생동물/조류관찰,동굴탐사 등)</td></tr>
<tr><td>15) 직업능력 관련 활동(직업체험활동, 진로탐색활동, 직업/진로 적성 탐구활동 등)</td></tr>
<tr><td>16) 자원봉사활동(복지시설, 관공서, 양로원, 캠페인 활동 등)</td></tr>
<tr><td colspan="2">3. 현재 가입하여 활동하고 있는 동아리가 있습니까? 다음 각 동아리에 대하여 가입하여 활동하고 있는지 그리고 자신의 참여수준은 어느 정도인지 응답해주세요. (단, 동아리 활동이란 같은 취미나 관심을 가진 청소년들이 모임을 만들어 함께 하는 활동으로서 인터넷을 통한 동아리 활동(동호회, 카페, 클럽 등), 학교 특별활동시간에 하는 동아리 활동도 포함됩니다)</td></tr>
<tr><td>1) 학교 동아리(여러 학교의 연합동아리 포함)</td><td rowspan="4">1 = 없다
2 = 주 1시간 이하
3 = 주 1~3 시간
4 = 주 3~5 시간
5 = 주 5시간 이상</td></tr>
<tr><td>2) 아동청소년시설 · 단체의 동아리</td></tr>
<tr><td>3) 종교시설 · 단체의 동아리</td></tr>
<tr><td>4) 인터넷을 통한 사이버 동아리</td></tr>
<tr><td>5) 학교 동아리(여러 학교의 연합동아리 포함)</td><td rowspan="3">1 = 참여만 하고 만족하는 수준의 활동
2 = 적극적으로 참여하는 수준의 활동
3 = 프로그램 시작부터 과정, 마무리까지 내 생각과 의견을 얘기하며 주체적으로 참여하는 활동
4 = 활동을 이끌어가는 리더의 역할을 하고 있는 활동</td></tr>
<tr><td>6) 아동청소년시설 · 단체의 동아리</td></tr>
<tr><td>7) 종교시설 · 단체의 동아리</td></tr>
</table>

문 항	코드 설명
8) 인터넷을 통한 사이버 동아리	5 = 자신이 참여하는 활동으로 인해 학교나 인근 지역에 좋은 영향을 주고 있는 활동

5-1) 가족생활-간병 및 보육부담완화-보호자용

문 항	코드 설명
1. 나는 현재 자녀를(들을) 잘 키우고 있다고 생각한다.	1 = 전혀 그렇지 않다 2 = 별로 그렇지 않다 3 = 그런 편이다 4 = 매우 그렇다
2. 앞으로 자녀를(들을) 잘 키울 수 있을 것이라고 생각한다.	
3. 나는 자녀와의(들과) 관계에 대해 만족한다.	
4. 나는 자녀의 잘못된 행동을 지적하지 않는 편이다.	
5. 나는 자녀가 보이는 흥미나 관심거리에 대해 이야기를 나누고 도움을 준다.	
6. 나는 자녀의 버릇이 나빠지지 않도록 잘못된 행동을 관대히 봐주거나 용서하지 않는 편이다.	
7. 나는 자녀가 하는 일이면 무엇이든지 알고 있어야 한다고 생각한다.	
8. 나는 자녀가 안쓰러워 혼자서 할 수 있는 일을 대신 해 줄 때가 있다.	
9. 나는 자녀를 돌보는 데에 유능하다고 생각한다.	
10. 나는 좋은 부모가 될 수 있을 것 같다.	
11. 엄마가 자녀에게 관심을 너무 많이 보이면 자녀의 버릇이 나빠질 것이라고 생각한다.	
12. 자녀가 흥미를 가지는 집안의 물건은 위험하지 않는 한 어느 것이든 다 갖고 놀 수 있게 해줘야 한다고 생각한다.	
13. 자녀는 아직 판단력이 부족하므로 잘못된 행동을 하지 않도록 적절하게 통제해야 한다고 생각한다.	
14. 자녀가 내가 말하는 것을 이해하지 못하더라도 자녀에게 말하는 데 많은 시간을 보내는 것이 중요하다고 생각한다.	
15. 우리 자녀는 나를 지치고 힘들게 한다.	
16. 나는 자녀를 돌보느라 내 생활을 포기하고 있다.	
17. 자녀는 부모와 의사소통(대화)할 때 자유롭게 자신의 의사를 표현한다.	

18. 귀하는 자녀분이 실제로 어느 정도의 교육을 받을 수 있을 거라고 기대하십니까?	1 = 중학교 2 = 고등학교 3 = 대학교 4 = 대학원 이상(석사 및 박사)
19. 귀하는 자녀분이 어느 정도의 교육을 받기를 희망하십니까?	

5-2) 가족생활-부모/자녀관계개선-보호자용

문 항	코드 설명
1. 자녀가 외출했을 때 어디에 누구와 함께 있는지 알고 있다.	1 = 전혀 그렇지 않다 2 = 거의 그렇지 않다 3 = 자주 그렇다 4 = 항상 그렇다
2. 자녀가 몇 시에 들어오는지 알고 있다	
3. 내가 집에 없을 때 자녀가 무엇을 하는지 알고 있다	
4. 자녀가 어른 없이 집에 있을 때 전화를 한다.	
5. 자녀와 얘기할 때 꾸지람 없이 대화하는 편이다.	
6. 자녀와 얘기할 때 자녀가 대화에 참여하도록 격려하는 편이다.	
7. 자녀의 행동을 자주 칭찬해 준다.	
8. 자녀가 집에서 학교 숙제를 할 때, 칭찬을 해주거나 보상을 해준다.	
9. 자녀의 학교생활이나 친구에 대해 함께 얘기한다.	1 = 아니요 2 = 예
10. 나는(혹은 배우자) 자녀의 선생님과 자녀의 문제로 상담을 한다.	
11. 학교가 주최하는 학부모회 모임 등과 같은 행사에 참석한다.	
12. 자녀가 숙제를 다 했는지 관심을 가지고 확인한다.	
13. 자녀의 알림장 또는 가정통신문 내용을 잘 알고 있다.	
14. 자녀와 많은 시간을 함께 보내려고 노력하는 편이다.	1 = 전혀 그렇지 않다 2 = 그렇지 않은 편이다 3 = 그런 편이다 4 = 매우 그렇다 0 = 해당 없음
15. 자녀에게 늘 사랑과 애정을 보이고 있다.	
16. 자녀를 잘 이해하는 편이다.	
17. 자녀는 나에게 무엇이든 허물없이 이야기하는 편이다.	

18. 자녀는 자신의 생각이나 밖에서 있었던 일들을 자주 이야기하는 편이다.	1 = 전혀 그렇지 않다 2 = 그렇지 않은 편이다 3 = 그런 편이다 4 = 매우 그렇다 0 = 해당 없음
19. 자녀는 나와 대화를 자주 나누는 편이다.	
20. 나는 자녀가 외출했을 때 어디에 있는지 대부분 알고 있다.	
21. 나는 자녀가 외출했을 때 누구와 함께 있는지 대부분 알고 있다.	
22. 나는 자녀가 외출했을 때 무엇을 하고 있는지 대부분 알고 있다.	
23. 자녀가 외출했을 때 언제 돌아올지를 대부분 알고 있다	
24. 자녀는 형제자매와 사이좋게 잘 지내는 편이다. (☞ 형제자매가 없는 경우 0에 응답)	
25. 자녀가 있을 때 부부끼리 욕설을 한 것이 많다.	1 = 매우 그렇다 2 = 그런 편이다 3 = 그렇지 않은 편이다 4 = 전혀 그렇지 않다 0 = 해당 없음
26. 자녀가 있을 때 부부끼리 폭력을 가한 적이 많이 있다.	
27. 나는 자녀에게 심한 욕설을 자주 하는 편이다.	
28. 나는 자녀를 심하게 때린 적이 많이 있다.	

6-1) 사회적관계-친인척/이웃 등-아동용

문 항	코드 설명
1. 나는 우리 동네에서 사는 것이 매우 즐겁다.	1 = 전혀 그렇지 않다 2 = 그렇지 않다 3 = 그렇다 4 = 매우 그렇다
2. 나는 이 곳이 나의 동네라고 생각한다.	
3. 나는 우리 이웃집에서 어른들과 이야기 나눈 적이 있다.	
4. 나와 우리 동네 사람들이 함께 하는 활동들은 매우 보람 있다.	
5. 나는 가끔 우리 동네에서 떠나고 싶다는 생각을 한다.	
6. 동네 사람들이 하려는 일들 중에는 우리들을 위한 일들도 있을 것이다.	
7. 내가 도움이 필요하다면, 동네 사람에게 요청할 것이다.	
8. 생활하면서 중요하다 생각하는 것에 대해 동네 사람들과 나는 많은 부분에서 생각이 같다.	
9. 내가 위급한 상황에 처한다면, 동네 사람들이 도와줄 것이다.	

10. 나는 우리 동네 사람들을 믿고 있다.	
11. 나는 동네 사람들로부터 무언가를 빌리기도 하고 빌려주기도 한다.	
12. 나는 우리 동네를 위한 일이라면 어떤 일도 우리 동네 사람들과 함께 할 수 있다.	
13. 나는 우리 동네에서 오래오래 살고 싶다.	
14. 나는 우리 동네 사람들과 생각이 비슷한 것 같다.	
15. 나는 우리 집에 동네 친구들을 부르지 않는다.	
16. 나와 동네 사람들은 서로 아끼는 마음을 가지고 있다.	
17. 나는 길을 가다 서서 동네사람들과 이야기하기도 한다.	
18. 나는 우리 동네로부터 편안함을 느낀다.	
19. 만약 나와 친구들이 학교에 가지 않고 길거리를 돌아다닌다면 동네 어른들이 우리에게 말을 건넬 것이다.	
20. 만약 나와 친구들이 동네 건물에 낙서를 한다면 우리 동네 어른들은 이를 말릴 것이다.	1 = 전혀 그렇지 않다
21. 나와 친구들이 어른들에게 버릇없이 행동한다면 우리 동네 어른들이 우리에게 충고할 것이다.	2 = 그렇지 않다 3 = 그렇다
22. 동네에서 나와 친구들이 싸움을 벌인다면 동네 어른들이 나서서 말릴 것이다.	4 = 매우 그렇다
23. 동네에서 우리의 안전에 관련된 문제가 생긴다면, 동네 어른들이 나서서 무엇인가 할 것이다.	
24. 우리 동네 어른들은 우리들을 보살피기 위한 노력을 하고 있다.	
25. 우리 동네 어른들은 우리들의 문제를 잘 알고 있다.	
26. 동네 어른들의 모습들이 든든하다고 생각한다.	
27. 우리 동네 어른들은 우리들을 진정으로 걱정하고 우리들이 건강하게 자라기를 바란다.	
28. 우리 동네 어른들은 우리들을 위해 모임을 만들고 활동을 하고 있다.	
29. 우리 동네 어른들은 믿을 수 있다.	
30. 나에게 문제가 생겼을 때, 우리 동네 어른들에게 도움을 요청하고 싶다.	

6-2) 사회적관계-친인척/이웃 등-보호자용

문 항	코드 설명
1. 대체로, 나는 우리 동네에서 사는 것이 매우 흥미롭다.	1 = 전혀 그렇지 않다 2 = 그렇지 않다 3 = 그렇다 4 = 매우 그렇다
2. 나는 우리 이웃에 속해있다는 느낌을 가지고 있다.	
3. 나는 우리 이웃의 집에서 이야기를 나눈 적이 있다.	
4. 나와 우리 이웃 사람들과의 교제나 친목활동들은 나에게 큰 의미를 준다.	
5. 기회가 된다면, 나는 우리 동네를 떠나고 싶다.	
6. 이웃들이 계획한 것에 대하여 나는 그들만이 아닌 '우리'가 하는 일에 대한 계획이라 생각한다.	
7. 내가 어떤 일로 도움이 필요하다면, 나는 이웃 사람 중 누군가에게 요청할 것이다	
8. 삶에서 중요한 것에 대해 대부분의 우리 이웃들과 나는 의견이 같을 것이다.	
9. 내가 응급 상황에 처할 시, 이웃들이 나를 도와줄 것이다.	
10. 나는 이웃 사람들에 대한 신뢰가 있다.	
11. 나는 이웃으로부터 호의를 베풀고 받기도 한다.	
12. 나는 우리 동네의 발전을 위한 어떠한 일이라면, 다른 사람들과 함께 일할 의지가 있다.	
13. 나는 오랜 기간 우리 동네에서 거주할 계획이다.	
14. 나는 여러 가지 면에서 우리 이웃 사람들과 비슷하다고 생각한다.	
15. 나는 집에 이웃을 거의 초대하지 않는다.	
16. 우리 이웃 사람들과 나 사이에는 깊은 동료의식을 가지고 있다.	
17. 나는 때때로 가던 길을 멈춰 서서 이웃 사람들과 이야기 한다.	
18. 우리 동네에서 살아가는 것이 나에게는 공동체에 속해 있다는 기분을 느끼게 한다.	
19. 아동 · 청소년이 학교에 가지 않고 길거리를 배회한다면 우리 이웃 사람들은 무엇인가 조치를 취할 것이다.	
20. 아동 · 청소년이 동네 건물에 함부로 낙서를 한다면 우리 이웃 사람들이 나서서 무엇인가 조치를 취할 것이다.	

문항	코드 설명
21. 아동 · 청소년이 어른들에게 버릇없이 행동한다면 우리의 이웃들이 조치를 취할 것이다.	1 = 전혀 그렇지 않다 2 = 그렇지 않다 3 = 그렇다 4 = 매우 그렇다
22. 우리 이웃에서 아동 · 청소년들끼리 싸움이 벌어진다면 이웃 사람들이 나서서 무엇인가 조치를 취할 것이다.	
23. 이웃에서 치안과 관련된 문제가 생긴다면, 이웃 사람들이 나서서 무엇인가 조치를 취할 것이다.	
24. 우리 이웃 사람들은 아동 · 청소년을 보살피기 위한 노력을 하고 있다.	
25. 우리 이웃 사람들은 아동 · 청소년 관련된 문제를 인식하고 있다.	
26. 이웃 사람들의 활동들이 아동 · 청소년들로부터 믿음을 얻고 있다.	
27. 우리 이웃 사람들은 아동 · 청소년들을 진정으로 걱정하고 아동 · 청소년들이 건강하게 자라기를 바란다.	
28. 우리 이웃 사람들은 아동 · 청소년을 위한 단체를 만들고 활동하고 있다.	
29. 우리 이웃 사람들은 서로 믿을 수 있다.	
30. 아동 · 청소년에게 문제가 생겼을 때, 이웃 사람들에게 도움을 요청할 수 있다.	

6-3) 사회적관계-사회생활향상-아동용

문 항	코드 설명
1. 나는 나 자신이 좋은 성격을 가진 사람이라고 생각한다.	1 = 전혀 그렇지 않다 2 = 그렇지 않은 편이다 3 = 그런 편이다 4 = 매우 그렇다
2. 나는 나 자신이 능력이 있는 사람이라고 생각한다.	
3. 나는 나 자신이 가치 있는 사람이라고 생각한다.	
4. 나는 나 자신이 문제아라고 생각한다.	
5. 나는 나 자신이 비행청소년(잘못되거나 그릇된 행위를 하는 아동 · 청소년)이라고 생각한다.	
6. 주위 사람들은 나를 문제아라고 생각한다.	

7. 주위 사람들은 나를 비행청소년(잘못되거나 그릇된 행위를 하는 아동 · 청소년)이라고 생각한다.	1 = 전혀 그렇지 않다 2 = 그렇지 않은 편이다 3 = 그런 편이다 4 = 매우 그렇다
8. 내가 만약 나쁜 일을 하면, 주위 사람들이 나를 몹시 비난하게 될 것이다.	
9. 내가 만약 나쁜 일을 하면, 주위 사람들로부터 창피함을 당할 것이다.	
10. 나는 때때로 내가 쓸모없는 사람이라고 생각한다.	1 = 매우 그렇다 2 = 그런 편이다 3 = 그렇지 않은 편이다 4 = 전혀 그렇지 않다
11. 나는 때때로 내가 나쁜 사람이라고 생각한다.	
12. 나는 대체로 내가 실패한 사람이라는 느낌을 갖는 편이다.	

7) 교육–학습능력강화–아동용

문 항	코드 설명
① 전체적으로	10점 척도 1점(매우 못함) ~ 10점(매우 잘함)
② 국 어	
③ 수 학	
④ 영 어	
⑤ 사 회	
⑥ 과 학	

8) 생활환경–주변환경문제개선–아동용

문 항	코드 설명
1. 나는 문제를 해결하기 위해 구체적인 계획을 세운다.	1 = 전혀 그렇지 않다 2 = 별로 그렇지 않다 3 = 그렇다 4 = 매우 그렇다
2. 나는 문제의 원인을 여러 가지 면에서 생각해본다.	
3. 나는 문제를 해결하기 위해 다양한 정보를 모은다.	
4. 나는 어려운 상황을 극복할 수 있는 능력이 있다.	
5. 나는 문제가 생기면 해결할 수 있다.	
6. 정보를 바탕으로 구체적인 계획을 세운다.	

9-1) 아동의 장래희망-아동용

문 항	코드 설명
1. 여러분과 부모님(보호자)은 각각 여러분이 어느 수준까지 교육받기를 원합니까? 해당하는 내용으로 응답해주십시오.	
본인	1 = 중학교 2 = 고등학교 3 = 대학교 4 = 대학원 이상 (석사 및 박사)
부모님(보호자)	
2. 나는 나 자신이 좋은 성격을 가진 사람이라고 생각한다.	1 = 전혀 그렇지 않다 2 = 그렇지 않은 편이다 3 = 그런 편이다 4 = 매우 그렇다
3. 나는 나 자신이 능력이 있는 사람이라고 생각한다.	
4. 나는 나 자신이 가치 있는 사람이라고 생각한다.	1 = 매우 그렇다 2 = 그런 편이다 3 = 그렇지 않은 편이다 4 = 전혀 그렇지 않다
5. 나는 때때로 내가 쓸모없는 사람이라고 생각한다.	
6. 나는 때때로 내가 나쁜 사람이라고 생각한다.	
7. 나는 대체로 내가 실패한 사람이라는 느낌을 갖는 편이다.	
8. 나는 나 자신이 문제아라고 생각한다.	
9. 나는 나 자신이 비행청소년(잘못되거나 그릇된 행위를 하는 아동 · 청소년)이라고 생각한다.	
10. 주위 사람들은 나를 문제아라고 생각한다.	
11. 주위 사람들은 나를 비행청소년(잘못되거나 그릇된 행위를 하는 아동 · 청소년)이라고 생각한다.	
12. 내가 만약 나쁜 일을 하면, 주위 사람들이 나를 몹시 비난하게 될 것이다.	
13. 내가 만약 나쁜 일을 하면, 주위 사람들로부터 창피함을 당할 것이다.	

문 항	코드 설명
14. 나는 내가 스스로 내린 결정에 자신이 있다.	1 = 전혀 그렇지 않다 2 = 그렇지 않은 편이다 3 = 그런 편이다 4 = 매우 그렇다
15. 나는 내 문제를 스스로 해결할 수 있다고 믿는다.	
16. 나는 내 삶을 스스로 책임지며 살고 있다.	
17. 내가 잘하는 일이 무엇인지 안다.	1 = 전혀 그렇지 않다 2 = 그렇지 않은 편이다 3 = 그런 편이다 4 = 매우 그렇다
18. 내가 남보다 잘하는 일이 무엇인지 자주 생각한다.	
19. 앞으로 직업선택은 내가 스스로 결정할 것이다.	
20. 나의 장점이 무엇인지 안다.	
21. 내 장래 희망을 이루기 위해 지금 무엇을 해야 할지 구체적으로 생각해 본다.	
22. 부모님(보호자)이 반대하신다 해도, 내가 원하는 직업을 포기하지 않겠다.	
23. 미래를 위해서 다양한 경험을 쌓으려고 노력하고 있다.	
24. 나는 내가 어떤 사람인가에 대하여 곰곰이 생각해 본다.	
25. 학교 공부 중 어떤 것들은 나의 장래 희망을 이루는 데 중요하다.	
26. 내가 즐겁게 할 수 있는 일이 어떤 것들인지 안다.	
27. 내가 진정으로 좋아하는 일들이 무엇인지 자주 생각해 본다.	
28. 내가 삶에 있어서 무엇을 중요하게 여기는지 자주 생각한다.	
29. 직업은 돈을 벌기 위한 수단일 뿐이다.	1 = 매우 그렇다 2 = 그런 편이다 3 = 그렇지 않은 편이다 4 = 전혀 그렇지 않다
30. 돈이 충분히 많다면, 직업을 가질 필요가 없다.	
31. 부모님(보호자)이 내 직업을 정해주기를 원한다.	
32. 돈을 많이 벌 수 있다면 어떤 직업이라도 좋다.	
33. 직업은 생계유지의 수단일 뿐, 그 자체가 의미있는 것은 아니다.	
34. 내에게 맞는 학과나 직업이 무엇인지 부모님이나 선생님이 나보다 더 잘 아실 것이다.	

문 항	코드 설명
35. 어떤 직업을 선택하는 것이 좋은지 부모님(보호자)이나 선생님이 정해주셨으면 좋겠다.	1 = 매우 그렇다 2 = 그런 편이다 3 = 그렇지 않은 편이다 4 = 전혀 그렇지 않다
36. 내가 어떤 사람인지 잘 모르겠다.	
37. 내 장래 희망과 다르더라도, 부모님이 기대하시는 것을 따라야 한다.	
38. 내가 어떤 일을 좋아하는지 모르겠다.	
39. 미래에 어떤 직업을 갖게 될지는 별로 중요하지 않다.	
40. 내가 삶에서 소중하게 여기는 가치가 무엇인지 모르겠다.	
41. 어떤 것을 정할 때 다른 사람이 하자는 대로 할 때가 많다.	
42. 지금 여러 직업들에 대해 미리 알아보는 것은 의미가 없다.	
43. 나는 미래에 대해서는 별로 생각해 보지 않았고, 관심도 없다.	

9-2) 아동의 장래희망-보호자용

문 항	코드 설명
1. 귀하는 자녀분이 실제로 어느 정도의 교육을 받을 수 있을 거라고 기대하십니까?	1 = 중학교 2 = 고등학교 3 = 대학교 4 = 대학원 이상 (석사 및 박사)
2. 귀하는 자녀분이 어느 정도의 교육을 받기를 희망하십니까?	

〈서식 제1호 일반상담과정기록지〉

일반 상담 과정 기록지															
날 짜	참여자 명	전화 번호	수급 유형	가구 유형	개시 방법	의뢰 접수 경로	의뢰처	접촉 방법	주 개입 대상	주요 욕구 및 개입 목표	개입 내용	서비스 제공 시간	추후 계획	담당자	주요 상담 내용

〈서식 제2호 등록 아동 종합정보기록지〉

등록 아동 종합정보기록지

작성일	년 월 일	ㅁ신규 ㅁ기존	소속		
사례관리 담당자			연락처		
의뢰접수 경로	ㅁ 자발적 요청 ㅁ 동거가족(형제자매, 부모, 주양육자) ㅁ 동네 친구, 학교, 교회 등 소속집단 구성원 ㅁ 비동거가족, 친인척, 이웃 등 비공식 지지체계 ㅁ 등록가정 ㅁ 관련기관 ㅁ 사례관리 담당자 발굴 ㅁ 기타				
정보제공자	ㅁ 아동 ㅁ 가족( ) ㅁ 기타( )				
등록(아동) 번호			성별	ㅁ 남 ㅁ 여	아동사진
아동명			취학상황	ㅁ 미취학 ( ) 어린이집,유치원 ( ) 가정보육 ㅁ 취학( )학교 ( ) 학년( )반 ㅁ비취학(사유:)	
연령					
주민등록번호	(–)				
건강상태					
아동의 꿈					
좋아하는 놀이	예) 좋아하는 놀이와 취미를 탐색하여 기록함. 이 역시 단순히 그 내용을 기록하는 것이 아니라 이러한 놀이/취미가 아동의 삶에 어떤 기능을 하는 것인지, 이러한 놀이/취미에 대한 영향요인은 무엇인지, 놀이/취미생활에 방해요인 혹은 강화요인 등은 무엇인지를 종합적으로 탐색하여 기록		좋아하는 과목	예) 학령기 아동의 경우 좋아하는 과목을 탐색하여 기록함. 좋아하게 된 계기 등을 탐색하여 기록함	
주소					
핸드폰번호			종교	키	몸무게
주 보호자 정보					
주보호자명 (관계)	( )		성 별	ㅁ 남 ㅁ 여	
생년월일			핸드폰번호		
주 소					

가계도	생태도

상징 : ◎ 여, CT, ☐ 남, CT, ㊊ 50세, 남 30세, ⊗ 사망, △ 임신, 결혼, ☐—/—○ 별거, ☐—//—○ 이혼, — 소원한 관계, = 친밀관계, ≡ 밀접관계, ∧∧∧ 갈등, … 혼외, ⊣⊢ 단절

	영향요인	유발요인	심화요인
가족력			

직계 및 동거가족사항	관계	성명	연령	종교	결혼상태*	동거여부	학력	직업	건강상태	장애명	질병명
									□건강 □장애 □질병		
									□건강 □장애 □질병		
									□건강 □장애 □질병		
									□건강 □장애 □질병		
									□건강 □장애 □질병		
	* 결혼상태 : 미혼=1, 기혼=2, 재혼=3 별거=3, 이혼=4, 사별=5, 기타=5										

가구유형	□ 부부중심가구 □ 한부모가구 □ 미혼모가구 □ 조손가구 □ 소년소녀가구 □ 가정위탁가구 □ 친인척거주가구 □ 기타 ( )
가구 유형-1	□ 다문화가구 □ 장애인가구
수급유형	□ 일반가구 □ 저소득가구 □ 차상위가구 □ 조건부/조건유예수급가구 □ 수급가구 □ ( )특례가구 □ 기타( )
주거형태	□ 자가 □ 전세(보증금:) □ 월세(보증금 /월세) □ 영구임대(보증금 /임대료) □ 매입임대(보증금 /임대료) □ 무상임대 □ 기타( )

경제상황						
가계소득	□ 월 평균 ( )만 원	총 재산	□ 약 ( )만 원	부채	□ 약 ( )만원	
소득원						
자동차	□ 화물 □ 승용 □ 승합	□ 차종( ) □ 배기량( )CC □ 연식( )년 식 □ 예상가액 ( ) 만원				

아동사진	아동의 꿈	좋아하는 놀이/취미	좋아하는 과목

	아동/가족의 주요욕구 / 걱정거리	아동/가족이 원하는 도움 / 지원의 내용
초기 상담 내용		
종합 의견		

사례관리 유형 결정 및 담당자 선정					
	유형	서비스 수행방법			
		1	2	3	4
욕구 영역	학대, 방임, 기타 위험으로부터의 안전 확보				
	신체적 건강 회복				
	정신건강(정신질환, 중독, 자살) 회복				
	일상생활(가사 및 여가) 유지				
	가족생활(보육, 양육, 간병,가족관계) 향상				
	사회생활(학교, 이웃, 직장에서의 관계) 향상				
	경제적(소득보장, 부채) 안정				
	교육 및 학업(진학, 학습) 기능향상 및 유지				
	직업(취/창업, 직업유지) 기능향상 및 유지				
	안전하고 쾌적한 생활환경의 보장				
	기타(　　　)				

코드	유형구분	사례관리 담당자 선정	코드	유형 구분	사례관리 담당자 선정
□ 0	위기관리 가구		□ 2	일반형 사례관리가구	
□ 1	기본형 사례관리 가구		□ 3	통합형 사례관리가구	

	회차	기간	유형	변경사유
유형 구분 현황	1			
	2			
	3			
	4			

〈서식 제3호 욕구 및 강점 사정지〉

욕구 및 강점 사정지

아 동 명		등록아동 번호			ㅁ 신규 ㅁ 재사정 ( ) 차
사례 관리 담당자		소 속		작성일자	

<table>
<tr><th colspan="2" rowspan="3">영역별 주요 욕구</th><th rowspan="3">아동 및 주보호자의 인식</th><th colspan="5">사례관리 담당자 평가</th></tr>
<tr><th colspan="2">현 상황</th><th rowspan="2">강점/장애물사정</th><th rowspan="2">욕구 평가</th><th rowspan="2">심각도</th></tr>
<tr><th>내용</th><th>지표</th></tr>
<tr><td rowspan="2">안 전</td><td>가족외부로부터의 생명 및 안전에 위협을 받거나 받을 가능성 감소 및 안전확보</td><td></td><td></td><td></td><td></td><td></td><td></td></tr>
<tr><td>가족 내 폭력 및 학대, 방임으로부터의 안전 확보 및 보호</td><td></td><td></td><td>안전(안전 습관, 방임, 학대)</td><td></td><td></td><td></td></tr>
<tr><td rowspan="2">건 강</td><td>신체건강문제의 완화 및 회복</td><td></td><td></td><td>1. 영양상태 향상 정도
2. 자녀건강에 대한 인식</td><td></td><td></td><td></td></tr>
<tr><td>정서적인 문제, 정신건강 문제
(술, 약물, 자살 등)의 완화 및 회복</td><td></td><td></td><td>1. 행복지수
2. 부모의 정신건강</td><td></td><td></td><td></td></tr>
</table>

일상 생활	일상생활유지 및 일상생활 기능 강화						
	여가활용능력 향상 및 여가생활영위			주체적 참여 아동의 영향력 정도(여가, 아동청소년, 동아리 활동)			
가족 생활	간병 및 보육부담완화			1. 양육자신감 및 양육태도 2. 교육수준			
	부부/부모-자녀관계의 개선 및 가족기능강화			1. 가정생활 및 관계 2. 부모 역할 수행, 참여, 자녀와의 관계			
사회적 관계	친인척/이웃 등 사회적 관계의 개선 및 지지체계 강화			지역사회의 아동에 대한 보살핌 정도 (아동 및 주민용)			
	사회생활(학교, 직장 등 소속된 집단에서의 관계) 향상			아동이 미래에 희망을 갖게 되는 정도			
경 제	기초 욕구(의식주)의 충족						
	소득보장 및 향상						
교 육	학습능력강화 및 교육기회 확대			기초학습 능력 향상도			

직 업	취(창)업 지원 및 직업적응력 강화						
생활 환경	주거환경문제의 개선						
	주변 환경 문제의 개선			주체적 참여 아동의 영향력 정도 (문제해결 능력)			
기 타							
아동의 장래희망				1. 아동이 미래에 희망을 갖게 되는 정도 2. 교육수준	지원체계 스스로의 노력 		
부모, 주양육자의 삶의 비전, 목표							
사례 관리 담당자 종합의견	개인수준						
	가족수준						
	지역사회수준						

〈서식 제4호 실행 계획서〉

실행 계획서

( )차	월	일
( )차	월	일

등록아동번호 :	참여자명 :	사례관리 담당자 :	소속기관 :
장기 변화 목표			

욕구영역별 합의한 변화목표		서비스/ 과업 내용	대상	우선순위	개입시기					횟수 (회 · 1주당)	제공 기관	담당 자	수행 방법 분류
					1주 이내	한달 이내	3개월 이내	6개월 이내	1년 이내				

본인은 ____년__월__일부터 상기와 같은 서비스 이용에 동의하며, 적극적으로 변화 노력에 동참할 것을 약속합니다. 또한 더 나은 생활지원을 위해 협력하는 기관들과 본인 및 가족의 기초정보 및 서비스진행과정에 대한 정보를 공유하는 것에 대해 동의합니다.

아동 성명: (인) 날 짜:

주양육자성명: (인) 날 짜:

사례관리 담당자: (인) 날 짜:

〈서식 제5호 사례관리 과정기록지〉

사례관리 과정기록지

날짜	아동명	등록 아동 번호	개시 방법	개입 목표 영역	합의 한 변화 목표	사례 관리 과정	개입 대상	개입 내용	접촉 방법	서비스 제공시간	담당 자	주요 개입내용

〈서식 제6호 자원목록 기록지〉

번호	1	2	3	4	5	6	7	8	9	10		11	12	13		14	15	16	17
연번	자원명	자원출처	자원성격	자원영역	신규연계여부	연계경로	공식화 정도	연계사업영역	연계사업내용	연계사업횟수		연계내역	연계내역내용	연계내역횟수		연계주도성	연계협력수준	연계신뢰수준	연계협력만족도
										발신	수신			발신	수신				
1																			
	담당자명:							연락처:						E-mail:					
2																			
	담당자명:							연락처:						E-mail:					
3																			
	담당자명:							연락처:						E-mail:					
4																			
	담당자명:				연락처:					E-mail:									
5																			
	담당자명:				연락처:					E-mail:									
· · ·																			
	담당자명:				연락처:					E-mail:									

〈서식 제7호 네트워크 활동기록지〉

네트워크활동기록지

날 짜	자원명	자원 출처	자원 성격	자원 영역	목적 및 주요 활동	접촉 방법	접촉 대상	소요 시간	담당자	내 용

〈서식 제8호 서비스 점검표〉

서비스 점검 및 평가표	( )차 년 월 일 ~ 년 월 일

등록번호 :		아동명 :	사례관리 담당자 :		
점검 대상	1. 아동 2. 주양육자 3. 아동과 주양육자		점검 방법	1. 전화 2. 내방상담 3. 가정방문상담 4. 기관방문상담 5. 인터넷 상담 6. 기타	

서비스 만족도 평가	계획시 서비스 수행내용	가족 중심 실천 척도	

욕구영역별 합의한 변화목표		계획 시 서비스 수행내용	서비스 비용		주요 개입 내용 및 결과	계획대비 변경 내용 및 사유	사례관리참여자 점검						사례관리 담당자 의견
			구분	금액			적절성	적시성	충분성	목표달성도	심각도	욕구평가	

추후계획			
재사정 필요	□ 예	세부 내용	
실행계획 수정필요	□ 예		
평가필요	□ 예		
종결필요	□ 예		

〈서식 제9호〉 사례관리 종결보고서

사례관리 종결보고서

<table>
<tr><td>등록
아동번호</td><td colspan="3"></td><td>아동명</td><td colspan="2"></td></tr>
<tr><td>등록일</td><td colspan="3">년 월 일</td><td>종결일</td><td colspan="2">년 월 일</td></tr>
<tr><td>주 소</td><td colspan="3"></td><td>전화번호</td><td colspan="2">(집)
(H. P.)</td></tr>
<tr><td rowspan="2">종 결 유 형</td><td colspan="6">□ 욕구충족/변화목표달성 □ 계약기간만료 □ 연령제한
□ 이사 □ 거절이나 해약 □ 사망 ( )
□ 연락두절 □ 기타( )</td></tr>
<tr><td colspan="6">* 위의 종결유형 중 계약기간 만료 시(고 3 종결만 해당) 향후 진로
□ 대학진학 □ 취업 □ 아르바이트 □ 기타( )</td></tr>
<tr><td>주요개입
내용요약</td><td colspan="6"></td></tr>
<tr><td>아동의
종합의견</td><td colspan="6"></td></tr>
<tr><td>주양육자
종합의견</td><td colspan="6"></td></tr>
<tr><td rowspan="5">사후관리방</td><td>사후관리빈도</td><td colspan="5">□ ( )개월후부터 ( )개월 간격으로 총 □ 1회 □ 2회</td></tr>
<tr><td>사후관리예정일</td><td>1차</td><td colspan="2"></td><td>2차</td><td></td></tr>
<tr><td>사후관리방법</td><td colspan="5">□ 전화상담 □ 내방상담 □ 가정/방문상담 □ 기타</td></tr>
<tr><td rowspan="2">의뢰기관
선정 여부</td><td rowspan="2">□ 아니요
□ 예</td><td colspan="2">기관명</td><td>담당자</td><td>연락처</td></tr>
<tr><td colspan="2"></td><td></td><td></td></tr>
<tr><td>아 동</td><td colspan="2">성명: (서명 또는 날인)</td><td colspan="2">주양육자</td><td colspan="2">성명: (서명 또는 날인)</td></tr>
<tr><td>사례관리
담당자
종합 의견</td><td colspan="6"></td></tr>
<tr><td>사례관리
담당자</td><td colspan="2">성명: (서명 또는 날인)</td><td colspan="2">작성 날짜</td><td colspan="2"></td></tr>
</table>

〈서식 제10호〉 사후관리 보고서

사후관리 보고서

<table>
<tr><td>등록아동번호</td><td colspan="2"></td><td>아동명</td><td></td></tr>
<tr><td>등록일</td><td colspan="2">년 월 일</td><td>종결일</td><td>년 월 일</td></tr>
<tr><td>주 소</td><td colspan="2"></td><td>전화번호</td><td>(집)
(H. P.)</td></tr>
<tr><td rowspan="3">1차 사후관리</td><td>날짜</td><td></td><td>접촉
방법</td><td>□ 전화상담
□ 내방상담
□ 가정/방문상담
□ 기타</td></tr>
<tr><td>접촉
대상</td><td colspan="3">□ 아동 □ 주양육자( ) □ 기타</td></tr>
<tr><td>현상황
요약</td><td colspan="3"></td></tr>
<tr><td rowspan="3">2차 사후관리</td><td>날짜</td><td></td><td>접촉
방법</td><td>□ 전화상담
□ 내소상담
□ 가정/방문상담
□ 기타</td></tr>
<tr><td>접촉
대상</td><td colspan="3">□ 아동 □ 주양육자( ) □ 기타</td></tr>
<tr><td>현상황
요약</td><td colspan="3"></td></tr>
<tr><td>사례관리 담당자
종합 의견</td><td colspan="4"></td></tr>
<tr><td>추후계획</td><td colspan="4">□ 재개입 □ 타기관의뢰( )
□ 종결확정 □ 기타( )</td></tr>
<tr><td>사례관리 담당자</td><td colspan="2">성명: (서명 또는 날인)</td><td>작성 날짜</td><td></td></tr>
</table>

참고문헌

권진숙 · 박지영(2008). **사례관리의 이론과 실제**. 서울 : 학지사.

김동배 · 권중돈(2001). **인간행동과 사회환경**. 서울 : 학지사.

김만두 편역(1993). **효과적인 복지서비스를 위한 사례관리 실천론**. Moxley, D. *The Practice of Case Management*. 서울 : 홍익재.

엄명용 · 김성천 · 오혜경 · 윤혜미(2011). **사회복지실천의 이해**. 서울 : 학지사.

이기연(2009). **사례관리 총론**. 경기도장애인복지관.

이근홍(2006). **사회복지실천 개별관리**. 경기 : 공동체.

이준영(2007). 사회복지 네트워크의 이론과 과제. **춘계학술대회 WORKSHOP 자료집**.

인천광역시사회복지관협회 · 사례관리연구회(2009). 인천광역시 사회복지관 사례관리 실천을 위한 매뉴얼 연구보고서.

황성철(1995). 사례관리실천을 위한 모형개발과 한국적 적용에 관한 연구. **한국사회복지학**, 27, 275-304.

Ballew, J. R., & Mink G.(1996). *Case Management in Social Work*. The Charles C. Thomas Publisher, Ltd.

Gursansky, D., Harvey, J., & Kennedy, R.(2003). *Case Management*. New York : Columbia University Press.

Johnson, P., & Rubin, A.(1983). Case Management in Mental Health : A social work domain?, *Social Work, 28*(1), 49-55.

Intagliata, J.(1992). Improving the Quality of Community Care for the Chronically Mentally Disabled. In Stephen M. Rose(Ed.), *Case Management Social Work Practice*(pp.28–29). Longman.

Kumar, S.(2000). *Multidisciplinar y approach to rehabilitation*. Butterworth Heinemann.

Moore, S.(1990). A Social Work Practice Model for Case Management : The Case Management Model Grid. *Social Work, 35*(5), 444–448.

________(1992). Case Management and the Integration of Services: How Service Delivery Systems Shape. *Case Management, 37*(5), 418–423.

Moxley, D. P.(1995). *The Practice of Case Management*. SAGE Publications, Inc.

Moxley, D. P., & Buzas, L. (1989). Perceptions of Case Management services for elderly people, *Health and Social Work, 14*, 196–203.

NASW(1996). NASW Standards for Social Work Case Management. National Standards of Practice for Case Management.

Rothman, J.(1991). A model of case managemen t: Toward empirically based practice. *Social Work, 36*(6), 520 - 528.

Woodside, M., & McClam, T.(2006). *Generalist Case Management: A Method of Human Service Deliver y*(3rd ed.). Thomson Brooks/Cole.

저자약력

이기연
이화여자대학교 사회복지학과 학사, 석사, 박사
현 서강대학교 공공정책대학원 대우교수
한국사례관리학회 교육훈련위원장
한국사회복지질적연구학회 학술위원장
한국정신보건사회복지사협회 부회장
희망복지지원단 전문위원
경기도 무한돌봄센터 전문위원

유서구
중앙대학교 사회복지학과 문학사
Univ. of Texas at Austin, School of Social Work 사회복지 석사(MSSW), 박사(Ph.D.)
현 숭실대학교 사회복지학부 부교수
한국청소년복지학회, 한국학교사회복지학회, 한국정신보건사회복지학회 이사
한국사회복지학회 편집위원
한국사례관리학회 총무위원장
한국교정사회복지학회 총무이사
공동모금회(서울) 배분위원

사례관리 이해와 적용

| 공저자 | 이기연 · 유서구
| 1판 1쇄 | 발행 2012년 6월 25일
| 1판 2쇄 | 발행 2014년 2월 20일
| 발행인 | 김동훈
| 발행처 | 공동체

| 주소 | 410-817 경기도 고양시 일산동구 호수로 358-39, 동문타워 I 905호(백석동)
| 전화 | 031)920-8305(대표)
| 팩스 | 031)920-8308
| e-mail | compub@naver.com
| 출판등록 | 2005년 10월 6일
| 등록번호 | 제396-2005-6호

| ISBN | 978-89-6352-311-8
정가 15,000원